Kurt Tepperwein

Das Praxisbuch der Selbsthypnose

Kurt Tepperwein

Das Praxisbuch der Selbsthypnose

Die Kraft
des Unterbewusstseins
aktivieren

ARISTON

Hinweis
Die Inhalte des Buches wurden von Autor und Verlag nach bestem Wissen erstellt und mit größtmöglicher Sorgfalt geprüft. Sie bieten jedoch keinen Ersatz für eine kompetente medizinische Beratung. Weder Autor noch Verlag können für eventuelle Schäden oder Nachteile, die aus den im Buch gegebenen Hinweisen resultieren, eine Haftung übernehmen.

FSC
Mix
Produktgruppe aus vorbildlich bewirtschafteten Wäldern und anderen kontrollierten Herkünften

Zert.-Nr. SGS-COC-1940
www.fsc.org
© 1996 Forest Stewardship Council

Verlagsgruppe Random House FSC-DEU-0100
Das für dieses Buch verwendete FSC-zertifizierte Papier *EOS* liefert Salzer, St. Pölten

Bibliografische Information der Deutschen Bibliothek

Die Deutsche Bibliothek verzeichnet diese Publikation in der Deutschen Nationalbibliografie; detaillierte bibliografische Daten sind im Internet unter http://dnb.ddb.de abrufbar.

Umschlaggestaltung: Weiss / Zembsch / Partner / Werkstatt München unter Verwendung eines Motivs von Veer / Digital Vision Photography / Studio Peter Frank
Satz: EDV-Fotosatz Huber/Verlagsservice G. Pfeifer, Germering
Druck: GGP Media GmbH, Pößneck
Printed in Germany 2009

ISBN 978-3-424-20014-0

Inhalt

Vorwort

Sie haben hier ein Arbeitsbuch zur Anwendung der Selbsthypnose vorliegen, das eine Lücke in der Hypnose-Literatur schließt.

Bei meinen früheren Kursen, in den Seminaren und in der Praxis hat es sich immer wieder gezeigt, dass wertvolle Zeit durch die Suche nach der richtigen Formulierung für die Suggestionen verloren ging. Das vorliegende Buch soll nun helfen, diese Zeit besser zu nutzen. Es macht Sie mit ausführlichen, professionell formulierten Selbsthypnose-Texten für alle nur denkbaren Anwendungsmöglichkeiten bekannt. Ob es darum geht, gesundheitliche Probleme in den Griff zu bekommen oder seelische Blockaden aufzulösen: In diesem Werk sind unzählige Texte für die Selbsthypnose zu finden. Neben allgemeinen Selbsthypnose-Einleitungen enthält es in alphabetischer Reihenfolge Texte zur unterstützenden hypnotischen Behandlung vieler Krankheiten, zur Beseitigung von Unpässlichkeiten, ja sogar zur Änderung allgemeiner oder spezieller Lebenseinstellungen.

Sie haben die Möglichkeit, mit diesem Buch und ein wenig sprachlichem Talent Ihre eigenen Tonträger herzustellen und sich diese regelmäßig anzuhören. Dadurch erarbeiten Sie sich persönliche Suggestionstexte, was den Vorteil hat, dass Sie Ihre eigene, für Ihr Unterbewusstsein besonders eingängige Stimme hören.

Mein Buch richtet sich nicht an Experten wie Therapeuten oder Heilpraktiker, sondern wirklich an jeden, der sich mit dem Thema Selbsthypnose beschäftigen möchte.

Besonderer Dank gilt den Absolventen meiner früheren Kurse und Seminare. Aus ihrem Kreis sind viele Anregungen übernommen und in kompakter Form in diesem Buch zusammengestellt worden.

Ihr
Kurt Tepperwein

Wie Sie dieses Praxisbuch nutzen können

Dieses Praxisbuch soll eine Hilfe sein für schnelles und sicheres Formulieren von Suggestionen, um sie in Form von Selbstsuggestionen anzuwenden. Die richtigen Formulierungen sind hier problemlos aufzufinden und zusammenzustellen. Für alle in diesem Buch aufgeführten Indikationen finden Sie Ideen und Formulierungen zu einer optimalen Selbsthypnose-Therapie.

Vor einer zu starken Schematisierung sei jedoch gewarnt, denn gerade eine Selbsthypnose-Behandlung muss immer auf Ihre speziellen Bedürfnisse abgestimmt sein. Schon bei der Anrede – ich spreche ja zu meinem eigenen Unterbewusstsein – ist die Ich-Form vorzuziehen. Das gilt auch dann, wenn die Suggestionen einmal von einer anderen Person gesprochen werden. Für einen geübten Hypnosepraktiker sollte das in einer Direktbehandlung unproblematisch sein, muss aber auf jeden Fall mit ihm abgesprochen werden.

Wenn Sie die Suggestionstexte in diesem Buch gelesen haben und gleichzeitig das Buch *Die hohe Schule der Hypnose* kennen, werden Sie Änderungen in verschiedenen Formulierungen feststellen. Zwischenzeitlich hat man durch eingehende Hypnose-Forschungen dem Unterbewusstsein noch leichter zugängliche Formulierungen herausgefunden. Das Prinzip aber bleibt das Gleiche, es hat schon vor 4000 Jahren funktioniert und wird auch weiterhin bestens funktionieren.

Neben der richtigen Formulierung der Anrede ist es auch wichtig, dass das Symptom so wenig wie möglich erwähnt werden sollte. Das Unterbewusstsein hat nämlich Mühe mit Begriffen wie „keine", „nicht", „weniger", „unwichtig" usw. Ein Beispiel hierzu: Sie sagen in der Suggestion: „Ich habe keine Kopfschmerzen mehr … meine Kopfschmerzen verschwinden … mein Kopf wird leicht und frei." „Mein Kopf wird leicht und frei" ist gut, denn Sie möchten ja, dass sich Ihr Kopf genau so anfühlt. „Ich habe keine Kopfschmerzen mehr" dagegen ist weniger hilfreich. Das Wort „keine" hat wenig Gewicht und das Wort „Kopfschmerzen" tritt stark in den Vordergrund, weil es der Grund Ihres Unwohlseins ist. Dadurch bekommt es jedoch eine ungewollte starke Bedeutung.

Für die Anwendung in der Praxis der Selbsthypnose gibt es drei Möglichkeiten, wobei die äußeren Umstände immer identisch sein sollten. Sie suchen sich einen ruhigen Ort mit gedämpftem Licht und machen es sich auf einer bequemen Unterlage gemütlich. Sehr gut eignet sich ein kipp- und ausziehbarer Fernsehsessel. Ein Bett oder eine Couch wären ideal, nur besteht da die Gefahr des Einschlafens. Jeder Anwender sollte die für sich bequemste und entspannendste Position finden – probieren Sie also ruhig verschiedene Möglichkeiten aus.

Methode I: Sie sprechen den Suggestionstext selbst, während Sie völlig entspannt sitzen oder liegen. Das heißt aber, Sie müssen mit dem Text so vertraut sein, dass Sie ihn auch ruhig und gelassen, ohne großen Denkaufwand, suggestiv in Ihr eigenes Unterbewusstsein fließen lassen können. Das ist wohl die direkteste, aber zugleich auch anspruchsvollste Anwendung, mit der erfahrungsgemäß nur die wenigsten zurechtkommen.

Methode II: Sie sprechen den Suggestionstext auf einen Tonträger, wie Kassettenrekorder, MP3-Player, iPod usw. Mit ein wenig Geschick lässt sich das Gesprochene auch noch am Computer bearbeiten. Versprecher können herausgeschnitten und das gute Resultat sogar mit einer entspannenden Musik unterlegt werden. Dies ist eine wirkungsvolle und äußerst preisgünstige Methode.

Methode III: Vielleicht die beste, aber auch die teuerste Methode. Sie gehen zu einem professionellen Hypnosetherapeuten und zeichnen die Hypnosebehandlung auf. Bei der Anwendung zu Hause hören Sie immer wieder Ihren Therapeuten, zu dem Sie großes Vertrauen haben, und Sie fühlen sich sofort in den angenehmen Zustand während der Behandlung versetzt.

Zu vielen Hypnose-Indikationen in diesem Buch finden Sie auch Alternativ-Suggestionen, die Ihnen Hilfe und Hinweise zu einer individuellen Therapie geben. Indikationen, für die es in diesem Buch keine speziellen Formulierungen gibt, stellen Sie nach einer Analyse der besonderen Situation die passende Suggestion selbst zusammen:

Ein Beispiel:

Diagnose: Colitis ulcerosa (Darmbeschwerden)

Nach Anamnese und Analyse ergibt sich: Patient fühlt sich im Betrieb ausgenutzt und übergangen; *Nervosität*, fühlt sich allgemein überfordert; negative *Lebenseinstellung*; *Darmbeschwerden*.

Unter diesen Stichworten finden Sie die Formulierungen für die Hypnosebehandlung und haben so eine speziell auf dieses Problem abgestimmte Suggestion. Hilfe bieten zudem die „Selbsthypnose-Suggestionen für alle Indikationen“ im Kapitel „Herzstörungen“; oder auch die Formeln für ein „Leben ohne Krankheit und Schmerz“ sowie die Suggestionen zur „Förderung der körperlichen Gesundheit“ – beide Anleitungen sind im Kapitel „Gesundheit und Lebenskraft“ zu finden .

Die Frage, ob Selbsthypnose als alleinige Therapie oder als Ergänzung zu anderen Therapien angewendet werden soll, muss jeder Anwender kritisch prüfen und die Entscheidung immer zum eigenen Wohle treffen. Ohne Zweifel ist die Selbsthypnose eine wirkungsvolle Unterstützung und Ergänzung zu jeder Therapie und Indikation und nicht selten eine entscheidende Hilfe auf einem langen Leidensweg, dennoch ist fachkundige medizinische Beratung oft unverzichtbar.

Allgemeines

Die Geschichte der Hypnose

Die Behandlung von Kranken durch einen tranceähnlichen Heilschlaf ist uns aus vielen Kulturkreisen seit jeher bekannt. Schon im vierten Jahrtausend vor Christus wandten die Sumerer die Hypnose an. Die Keilschriften aus der Priesterschule von Erech zeigen deutlich, dass bereits zur damaligen Zeit Kranke durch den hypnotischen Schlaf Heilung erfuhren.

Bei den Indern findet man in der ältesten Sanskrit-Urkunde die Beschreibung der drei verschiedenen Schlaf-Ebenen, die vergleichbar sind mit den drei Tiefen des Trancezustands, nämlich Wachschlaf, Traumschlaf und Wonneschlaf. Und auch die heutigen Yogatechniken kommen teilweise nicht ohne Selbsthypnose aus.

Auf einem dreitausend Jahre alten Papyrus der Ägypter finden wir ebenfalls die Hypnosemethoden beschrieben, die zur Heilung Kranker eingesetzt wurden. Im alten Ägypten waren die Priester gleichzeitig als Ärzte tätig und wurden wegen ihrer Heilkunst verehrt.

In Griechenland kannte man einst den so genannten „Tempelschlaf": Der Kranke, der einen Tempel aufsuchte, musste sich zuerst einer Diät unterziehen und wurde dann gebadet und gesalbt. Der Priester erzählte dem Kranken, dass durch diese Vorbereitungen bereits ein Heilungsprozess eingeleitet worden sei. Erst dann durfte der Patient sich schlafen legen. Während des Schlafs wurden die Selbstheilungskräfte aktiviert, indem der Priester immer wieder die gleichen Sätze in das Ohr des Kranken flüsterte.

Kranke, die nicht einschlafen konnten, versetzte man durch Kräuterdämpfe in einen entspannten Zustand.

Die Hypnose war sowohl bei den Griechen als auch bei den Römern bekannt. Der Tempelschlaf wurde etwa in der Mitte des 6. Jahrhunderts von den christlichen Mönchen durch Wunderheilungen mit Gebeten, Reliquien und Handauflegen abgelöst. Die erste Überlieferung der Selbsthypnose ist uns von griechischen Mönchen bekannt. Sie leiteten den tiefen Entspannungszustand ein, indem sie mit beiden Augen auf ihren Nabel blickten.

Anfang des 16. Jahrhunderts stellte Theophrastus Bombastus von Hohenheim, besser bekannt als Paracelsus, die These auf, dass der entscheidende Faktor einer Genesung der „innere Arzt" sei. Er berichtete, dass Kranke durch den konzentrierten Blick auf Kristallkugeln in einen tiefen Schlaf gesunken seien. Die behandelnden Mönche gaben den im Entspannungszustand befindlichen Kranken entsprechende Suggestionen ein, die eine Heilung einleiteten. Die Inquisition stoppte derartige Heilkünste; der hypnotische Schlaf geriet in Vergessenheit.

Die bekanntesten Verfechter der Hypnose waren:

Der Jesuitenpater Athanasius Kircher (1602–1680) erarbeitete die erste wissenschaftliche Abhandlung über die Tierhypnose.

Der Jesuitenpater und Astronom Professor Maximilian Hell (1720 –1792) heilte ca. 60 Prozent seiner Patienten, indem er die erkrankten Körperteile als Magnet nachformte und am Leib, und zwar auf dem erkrankten Organ, befestigte.

Die moderne Geschichte der Hypnose wurde durch Franz Anton Mesmer (1734–1815) eingeleitet, der erkannte, dass keine Materialien zur Erreichung des Heilschlafes nötig sind. Er ging davon aus, dass allein die Wirkung des so genannten Fluidums genügt, das von dem behandelnden Arzt ausgeht, um den Kranken zu magnetisieren. Unter Fluidum verstand er die kosmische Art der Elektrizität – seiner Meinung nach die einzig wirklich bewegende Kraft. Er glaubte, dass er durch seine eigenen magnetischen Kräfte, also durch sein Fluidum, die Energie im Körper des Patienten wieder in den richtigen Fluss bringen konnte. Er arbeitete mit Streichbewegungen von oben nach unten, die als „Mesmerische Striche" in die Geschichte eingingen. 1775 machte er seine Theorie durch 27 Lehrsätze bekannt. Für ihn war die Auslösung einer Heilkrise wesentlicher als die „Einschläferungsphase". Mesmers Theorie wurde bekannt als „animalischer Magnetismus". Erst ein gutes Jahrhundert später integrierte die Psychoanalyse Mesmers Erfahrung in ihr Konzept: Der Patient kann überhaupt nur auf eine Therapie ansprechen, wenn das vorhanden ist, was wir heute „Übertragung" nennen.

Mesmer war äußerst erfolgreich und wurde aus diesem Grund sehr angefeindet. Dies führte dazu, dass seine Lehren von der französischen Akademie der Wissenschaften überprüft werden sollten. Die Kommission befand seine Heilergebnisse als unwissenschaftlich und schrieb sie lediglich der Einbildungskraft zu. Der „Mesmerismus" wurde verboten. Doch die Erfolge Mesmers wurden über die Landesgrenzen hinaus bekannt und seine Lehre wurde in Russland, Dänemark und auch in Bayern überprüft. So kam es zur ersten internationalen wissenschaftlichen Untersuchung der Hypnose.

Was bei uns unter der Bezeichnung „Hypnose" bis zum heutigen Tag umstritten ist, kennen die Naturvölker unter dem Begriff der Trance. Je nach Kulturkreis und Stand der Entwicklung werden auch heute noch die uralten kulturellen Riten praktiziert, die zwar verschiedene Bezeichnungen haben, doch im Grund dasselbe meinen: Hypnose.

Die rituellen Zeremonien haben meist einen religiösen Hintergrund und werden bei großen Festen nach genauem Ablauf vollzogen. In Bali beispielsweise gibt es sehr viele Tempelfeste, die oberflächlich betrachtet jeweils einem anderen Gott gelten. Doch handelt es sich hier immer nur um einen einzigen Gott, allerdings in wechselnder äußerer Gestalt. Bei solchen Feierlichkeiten singen Frauen, während Mädchen mit geschlossenen Augen tanzen, bis sie in Trance um das Opferfeuer fallen. Diese Mädchen haben nie tanzen gelernt, doch sind ihre Bewegungen vollendet, rhythmisch und harmonisch. Mit wachem Bewusstsein hätte es jahrelangen Unterrichts und Trainings bedurft, um zu einem solchen Bewegungsablauf zu gelangen. Solange die Frauen singen, befinden sich die Mädchen in einem leichten Trancezustand. Hört die Musik jedoch auf, fallen sie in Volltrance auf den Boden. Priester bringen die Mädchen wieder ins Wachbewusstsein zurück. Nach dem Glauben der Balinesen durchdringt ein göttlicher Geist die Tänzerinnen, sodass sie zu dieser vollendeten Bewegung fähig werden, die in einem bewussten Zustand gar nicht möglich ist. In Bali wird Trance als höherer Bewusstseinszustand gewertet.

Eine andere Form der Trance finden wir ebenfalls in Bali: Maskenspiele, aufgeführt von Laien. Der einzelne Spieler identifiziert sich so sehr mit seiner Maske, von der geglaubt wird, dass sie Zauberkraft besitzt, dass er nur noch emotional aus dem Unterbewusstsein heraus handelt und reagiert. Alte Masken haben viel Zauberkraft, neue müssen erst getestet werden. Masken, die Zauberkraft enthalten, werden bei einem Fest eingeweiht. Auch hier wird ein Trancezustand herbeigeführt – sozusagen eine Massentrance. Die Teilnehmer sehen nichts mehr; ihre Blicke sind leer, ihre Gesichter verzerrt – sie brechen zusammen, stoßen unnatürliche Schreie aus. Die Menschen scheinen sich in Monster zu verwandeln, wie besessen stechen sie mit Messern und Dolchen zu, ohne sich oder andere jedoch zu verwunden.

Auch aus Indien sind ähnliche Feste bekannt, bei denen sich Gurus mit Messern verstümmeln. Sie schneiden sich etwa die Zunge ab, es fließt jedoch kein Tropfen Blut dabei. Später setzen sie die Zungenspitze wieder an. Wenn der Trancezustand beendet ist, befinden sich die Teilnehmer in bester Verfassung.

In Nepal wurde die Ausübung jeglicher Magie gesetzlich verboten. Doch in entlegenen Dörfern wird nach wie vor nach den alten Gesetzen der Überlieferung gelebt. Krankheiten, die durch böse Geister ausgelöst werden, müssen nach alten Riten durch einen Zauberer geheilt werden. Dazu versetzt sich der Dorfzauberer in Trance durch zu Beginn leise, dann immer lauter und schneller werdende Trommelwirbel, die später einförmig werden, sobald der Zauberer sich in Trance befindet. Der Zauberer, Jhakri genannt, atmet dabei stoßweise und sein Körper zuckt; er spricht mit den Göttern in einer Sprache, die niemand versteht. Der Patient muss bei seiner Heilung nicht anwesend sein. Sobald der Zauberer seinen Trancezustand beendet hat, ist der Patient geheilt. Derartige Bräuche und Heilungsverfahren müssen natürlich als eine Form der Religion bzw. des Glaubens an die Götter und Geister verstanden werden.

Ähnliche Riten finden wir in Afrika, wo Medizinmänner die Geister austreiben. Basis für alle derartigen Geschehen ist der Hypnotismus.

Was ist Hypnose?

Der große Brockhaus definiert Hypnose als „(…) eine künstlich herbeigeführte Veränderung des Wachzustandes (suggerierter schlafähnlicher Zustand). Hypnose ist ohne freiwillige Bereitschaft des Patienten nicht durchzuführen. Der Name Hypnose ist irreführend, da dieser Zustand in physiologischer und verhaltensdynamischer Hinsicht kaum etwas mit Schlaf gemeinsam hat. In der Hypnose verliert der Mensch seine Planungsfähigkeit, er wird initiativlos, seine Aufmerksamkeit richtet sich gesteigert auf den Hypnotiseur, sein Realitätsbezug wird schwächer (Raum und Zeit werden bedeutungslos, Halluzinationen können auftreten). In diesem Zustand ist er der Suggestion leichter zugänglich, er übernimmt ungewohnte Rollen (Rückversetzung ins Kindesalter)…“

Hypnose ist ein dem Schlaf ähnlicher Zustand, eine Phase in etwa vergleichbar mit einem „halben“ Bewusstsein – dem Zustand zwischen Wachen und Schlafen, hier allerdings bewusst herbeigeführt. Wie auch beim autogenen Training arbeiten die Körperfunktionen langsamer, der Herzschlag vermindert sich, Blutdruck und Sauerstoffverbrauch sinken ebenfalls, auch die Haut wird kühler. Im Gegensatz zu den körperlichen Funktionen wird die geistige Fähigkeit jedoch aktiviert. Die Suggestibilität, d. h. die Aufnahmebereitschaft für Befehle bzw. induzierte Gedanken oder Gefühle erhöht sich.

Die Hypnose wird von jedem anders empfunden – es handelt sich hier um ein ganz persönliches Erleben. Ein wesentlicher Punkt bei dieser Erfahrung ist die Vorstellung des Patienten von der Hypnose. Je höher die Erwartung, umso schwieriger ist es für ihn, ganz vom Verstand loszulassen. Die Mitarbeit des Patienten ist unbedingt erforderlich – eine Tiefenentspannung ist sonst unmöglich.

Jede Hypnose hat einen bestimmten Zweck. Sie ist deshalb immer abhängig vom Ziel, von der Umgebung, von den Voraussetzungen, die der Hypnotiseur und der Hypnotisierte mitbringen. Hypnoseshows in Diskotheken dienen der Unterhaltung, etwa im Sinne von: Eine Regierung versucht Spionen Informationen in Hypnose zu entlocken, oder der eifersüchtige Ehemann möchte seine Frau in Hypnose versetzen, um endlich die Bestätigung für seine Verdächtigungen zu erhalten. Wir wollen uns von all diesen Methoden deutlich abgrenzen. Unser Ziel ist es, die Hypnose bzw. Selbsthypnose zu nutzen, um unser Leben erfüllt, harmonisch und glücklich zu gestalten. Deshalb wollen wir uns mit den heilsamen Elementen der Hypnose befassen.

In einem EEG kann man durch die Aufzeichnung der Hirnströme sichtbar machen, in welchem Zustand sich der Patient befindet. Dabei werden die Hirnströme in Hertz gemessen, also die Anzahl der Schwingungen pro Sekunde. Diese Wellen werden aufgeteilt in:

- Delta- und Thetawellen mit Frequenzen unter 8 Hertz (bei natürlichem Schlaf,
- Betawellen mit Frequenzen über 13 Hertz (bei voller geistiger Aktion Alphawellen, mit Frequenzen von 8 bis 13 Hertz (im Zwischenstadium Wachen – Schlafen; also im hypnotischen Zustand).

Die Hypnose kann hier also deutlich abgegrenzt werden von der Schlafphase.

Im Bereich der Hypnose unterscheiden wir wiederum fünf verschiedene Tiefen, wobei jedoch für uns eine Aufteilung in drei Bereiche genügt, – wie dies übrigens auch schon vor fünftausend Jahren bei den Sumerern der Fall war.

1. Leichte Hypnose, *Somnolenz*:
   Schläfrigkeit und Gliederschwere; die willkürlichen Impulse können sich nicht mehr gegen die Suggestionen durchsetzen.

2. Mittlere Hypnose, *Hypotaxie*:
   Tiefer Entspannungszustand mit stark reduziertem Bewusstsein und stark eingeschränkter Urteilsfähigkeit.

3. Tiefe Hypnose, *Somnambulismus*:
   Tiefe, schlafwandlerische Vollhypnose. Die Rückerinnerung an Suggestionen fehlt, posthypnotische Suggestionen können verankert werden.

Der Übergang von einer Tiefe in die andere erfolgt fließend und ist oft kaum erkennbar. Hypnose bewirkt eine Ausschaltung des Bewusstseins, eine Herabsetzung der Aufnahmefähigkeit für äußere Eindrücke und sie vergrößert die Bereitschaft zur Aufnahme von Suggestionen. Verdrängte Erlebnisse können in das Bewusstsein aufsteigen, große Gelassenheit und innerer Frieden breiten sich aus.

Bezeichnend für einen Zustand in der Hypnose ist die völlige Ruhe und Durchlässigkeit des gesamten Körpers. Der Atem ist ruhig und gleichmäßig, der Patient fühlt sich wohl und der Körper erholt sich besser als beim normalen Schlaf, in dem häufig Verkrampfungen nicht nur nicht gelöst, sondern sogar ausgelöst werden. Die Bewusstseinssituation wird verändert, das Wach-Bewusstsein ist ausgeschaltet und belastende Probleme verlieren an Bedeutung, Beklemmungen lösen sich auf und Harmonie breitet sich aus.

Wir möchten unser Leben positiv verändern, negative Verhaltensweisen abbauen und zu uns selbst finden. Zudem wollen wir unsere Kräfte aktivieren und unser Abwehrsystem stärken, um körperlich und seelisch gesund und fit zu bleiben. Die Selbsthypnose ist dazu das geeignete Mittel. Bei tief verwurzelten Problemen ist es aber ratsam, sich an einen erfahrenen Fachmann zu wenden, um mit einer gezielten Therapie nicht nur die Ursachen für die Beschwerden zu erkennen, sondern sie auch konsequent aufzuarbeiten.

Hypnose und Selbsthypnose

(Fremd-)Hypnose wird immer durch eine andere Person eingeleitet; es besteht dabei eine ständige Verbindung (Rapport) zwischen Hypnotiseur und der hypnotisierten Person. Selbsthypnose kann auch als Autosuggestion bezeichnet werden. Der Vorteil dieser Methode ist, dass die Selbsthypnose ein ganzes Leben lang angewendet werden kann, während Hypnosetherapien zeitlich begrenzt sind.

Anders als bei der therapeutisch geleiteten Hypnose sind wir bei der Selbsthypnose allein auf uns selbst angewiesen, um in einen Trancezustand zu gelangen. Das ist jedoch gar nicht so schwierig, wie Sie jetzt vielleicht denken mögen.

Eine Grundvoraussetzung möchte ich Ihnen besonders ans Herz legen: Erzwingen Sie nie etwas, sondern gehen Sie den Prozess der Selbsthypnose immer ruhig und gelassen an. Sie blockieren sich selbst, wenn Sie mit exakten Vorstellungen über einen Erfolg an die Entspannung herangehen. Selbsthypnose ist nichts anderes als eine vertiefte Entspannung. Und wie könnte sich jemand entspannen, wenn er gespannt auf das Ergebnis wartet?!

Unsere Gedanken sind in einem großen Maß für den Verlauf unseres Lebens verantwortlich. Gedanken, die von Gefühlen geleitet werden, sind noch wirkungsvoller, denn sie enthalten Emotionen, also starke Energien. Sie haben sicher schon von den Yogis gehört, die allein durch Gedankenkraft und die bildhafte Vorstellung von bestimmten Situationen „Übermenschliches" vollbracht haben. Denken Sie nur an die Fakire, die sich auf Nagelbretter legen oder LKWs über sich fahren lassen. Sie stehen ohne eine einzige Schramme auf. Es gibt viele derartige Ereignisse, die allein durch Gedankenenergie möglich sind. Wir können auch dies übrigens als Selbsthypnose bezeichnen.

Der Fakir versetzt sich in einen Entspannungszustand, in dem er seinem Unterbewusstsein durch Worte und Bilder sein Ziel „eingibt". Dadurch werden enorme Kräfte frei, die sogar zu körperlichen Veränderungen führen können. In einem Bericht aus Tibet hören wir von einem Mönch, der sich drei Jahre, drei Monate und drei Tage zur Meditation auf einen einsamen Gipfel hoch oben im Himalaya zurückgezogen hat. Er sprach während dieser Zeit mit keinem Menschen, war tagein, tagaus – bei extremsten Temperaturen – nur mit einem einfachen Baumwolltuch bekleidet. Sein Leben bestand aus Meditation, Loslassen von allem Äußeren und in der Hinwendung zu seinem inneren Meister. Genau auf den Tag, ja sogar auf die Minute genau, kam er wieder in sein Dorf zurück.

Das Überleben unter solchen Bedingungen war nur möglich durch die Selbsthypnose, in die der Mönch sich versetzt hatte. Mit seinem Ziel vor Augen hat er die in ihm angelegten Energien freigesetzt und für seine Zwecke genutzt. Er hat Gott – die höhere Macht – in sich und durch sich wirken lassen. Das ist das Geheimnis. Seine innere Führung hat ihm den Weg gezeigt, in Kälte und Einsamkeit unter extremsten Bedingungen nicht nur zu überleben, sondern sich auch weiterzuentwickeln.

Nun – keine Angst, unsere Übungen sind keineswegs so strapaziös, gehen keinen derart beschwerlichen Weg. Wenngleich der Weg nach innen, in unsere Mitte, auch nicht immer mit weichen, dicken Teppichen ausgelegt ist. Gerade in unserer Zeit, in der Äußerlichkeiten die größte Bedeutung erlangt haben, fällt ein Umdenken in die entgegengesetzte Richtung möglicherweise nicht immer ganz leicht. Doch werden Sie an sich selbst erfahren, was es bedeutet, in seiner Mitte zu ruhen, innere Harmonie gefunden zu haben und die eigene Kraft zu fühlen.

Bevor wir in die praktische Arbeit einsteigen, wollen wir uns noch mit einigen theoretischen Aspekten der Hypnose und Selbsthypnose befassen. Die Selbstbeeinflussung nennen wir, wie bereits erwähnt, Selbsthypnose oder Autosuggestion; die Fremdhypnose hingegen wird von einem Therapeuten eingeleitet und durchgeführt. Beiden Methoden ist jedoch gemeinsam, dass das Unbewusste gezielt angesprochen und das Bewusstsein bzw. der Verstand umgangen wird.

Theorie

Ist Hypnose gefährlich?

Diese Frage ist eindeutig mit Nein zu beantworten, wenngleich wir folgenden Punkt nicht unbeachtet lassen dürfen. Alles – auch die segensreichste Erfindung – kann für schlechte Zwecke missbraucht werden. Nehmen wir nur einmal die Arzneimittel: Richtig eingesetzt und dosiert, können sie heilen. Schlaftabletten können Schlafstörungen beheben – eine ganze Schachtel auf einmal geschluckt kann aber auch zum Tod führen.

Hypnose ist eine ausgezeichnete Therapieform, wenn sie fachgerecht durchgeführt wird. Dabei sind unbedingt die richtigen Befehle zu beachten, die ein Laie jedoch oft nicht einmal kennt oder zumindest leicht vergisst. Wer sich z. B. in der Hypnose suggeriert: „Ich fühle nie mehr Schmerz", begibt sich in die Gefahr, tatsächlich schmerzunempfindlich zu werden. Und das kann natürlich gefährliche Situationen zur Folge haben. In diesem Fall allerdings schwächt sich die Wirkung der Suggestion langsam von selbst ab. Es gibt gewisse innere Sperren, die nur schwer durchbrochen werden können.

Wenn – was in den Hypnose-Shows gern vorgeführt wird – der Hypnotisierte ein Glas Wasser trinkt, das als Rum ausgegeben wird, dann tritt natürlich die suggerierte Wirkung ein: ein alkoholisierter Zustand. Wer vergisst, diese Formel wieder aufzuheben, wird – immer wenn er ein Glas Wasser trinkt – die Reaktion erfahren, die ein Glas Rum hervorruft.

Doch am meisten wird davor gewarnt, dass der Patient seinen Willen verlieren kann, vom Hypnotiseur abhängig und im Zustand der Hypnose missbraucht wird – das könnte dann bis zur Anstiftung zum Mord gehen. Derartige Spekulationen eignen sich wohl für die Boulevardpresse, entbehren jedoch jeder wissenschaftlichen Grundlage. Vielmehr wird hier ein Vorurteil genährt, in dem sich die Angst vieler Menschen widerspiegelt, zu Ihrem tiefen „Ich" vorzudringen und vom Verstand bzw. Bewusstsein loszulassen. Diese Angst wird häufig durch Argumente überspielt wie: „Ich habe einen starken Willen und kann deshalb nicht hypnotisiert werden."

Es ist erwiesen, dass ein Mensch in Hypnose nur zu dem fähig ist, was er auch bei vollem Bewusstsein durchführen könnte. So wird z. B. der Befehl – in der Hypnose gegeben –, seinen Nachbarn zu erschießen, niemals zu einer solchen Tat führen. Es sei denn, der Hypnotisierte hatte bereits diesen Wunsch. In einem solchen Fall könnte die Hypnose sozusagen „wunschverstärkend" wirken. Doch dies sind theoretische Ausnahmesituationen. Uns ist kein derartiger Fall bekannt.

Die einzige Gefahr bei einer Hypnose besteht also darin, dass falsche Befehle gegeben werden oder die Verbindung zwischen Hypnotiseur und Hypnotisierten abbricht, wenn der Hypnotiseur während der Hypnose z. B. einen Herzinfarkt erleidet. Doch selbst das stellt kein unüberwindliches Hindernis dar. Der Hypnotisierte wird automatisch nach einer Weile in eine Schlafphase überwechseln, aus der er von selbst wieder erwacht.

Bei der Selbsthypnose sind derartige Situationen von vornherein nicht gegeben, da Ihre Entspannung nur von Ihnen allein abhängt, von Ihnen eingeleitet und beendet wird. Große Aufmerksamkeit sollten Sie jedoch den Befehlen und der exakten Wortwahl widmen, damit hier keine Probleme entstehen.

Hypnose ist als Therapieform nicht so populär, weil sie sehr zeitaufwändig ist. Für eine Sitzung sollten mindestens 60 Minuten angesetzt werden. Es ist deshalb natürlich einträglicher und auf den ersten Blick effektiver, ein Medikament zu verordnen, wenngleich die Tabletten in ihrer Wirkung nicht mit den nachhaltigen Veränderungen, die eine Hypnosetherapie einleiten kann, vergleichbar sind.

Warum haben Sie Angst vor Hypnose?

Hypnose basiert auf Suggestionen, die im Entspannungszustand verstärkt wirken. Aber auch im Wachbewusstsein ist unser Unterbewusstsein immer offen für Gedanken, Bilder, Gefühle und Eindrücke. Es wird Sie wahrscheinlich überraschen, wenn Sie sich bewusst machen, dass Sie sich selbst schon viele Male in Ihrem Leben hypnotisiert haben. Ein amerikanischer Arzt beschrieb einmal in einem sehr interessanten Artikel die so genannten Tagträume als eine Art der Hypnose. Sie kennen bestimmt auch Momente, in denen Sie sich ganz stark auf etwas konzentrieren – sei es bei einem Theaterstück, bei der Lektüre eines Buches oder ganz einfach bei einem traumhaften Sonnenuntergang. In solchen Augenblicken fallen Sie in einen leichten Trancezustand. Dieser hypnotische Zustand entwickelt sich oft auch in der Kirche, durch die Atmosphäre und die Musik. Auch durch Düfte entfernen sich viele Menschen von der Realität und gelangen in eine Tiefenentspannung.

Oder aber Sie fahren lange Zeit auf der Autobahn mit mittlerer Geschwindigkeit und bei wenig Verkehr. Vielleicht kennen Sie auch dieses Gefühl, wie Sie durch das Eintönige, Monotone immer unaufmerksamer werden und Sie sich plötzlich erschreckt fragen, ob Sie sich beim Spurwechsel auch wirklich umgesehen haben? Auch dies ist eine Art Hypnose.

Diese Beispiele sollten Ihnen nur zeigen, wie natürlich hypnotische Zustände für uns sind und wie einfach sie sich in unser tägliches Leben einfügen; und wie wir sie – unbewusst – als etwas ganz Natürliches empfinden.

Wer ist für Hypnose bzw. Selbsthypnose geeignet?

Hypnose eignet sich für alle Menschen, die den Wunsch haben, sich selbst besser kennen zu lernen und ihre positiven Anlagen zu verstärken bzw. negative Tendenzen abzubauen. Bei allen Krankheiten, deren Ursache im seelischen Bereich liegen, ist Hypnose sehr Erfolg versprechend.

Grundvoraussetzung ist die innere Bereitschaft, sich zu hypnotisieren oder sich hypnotisieren zu lassen. Auch ein gewisses Maß an Denkvermögen und Konzentrationsfähigkeit ist notwendig. Das größte Hindernis dabei ist der feste Vorsatz, sich jetzt sofort zu hypnotisieren. Mit einer solchen Einstellung erreicht man garantiert das Gegenteil. Bei allen unbewussten Vorgängen wirkt der starke Wille negativ. Wer unbedingt einschlafen möchte, der weiß, was er mit einem solchen Gedanken bewirkt – schlaflose Nächte!

Die Hypnotisierbarkeit ist individuell verschieden, doch genügt es durchaus, in einen leichten bis mittleren Entspannungszustand zu gelangen. Menschen, die intuitiv begabt sind, lassen sich leichter hypnotisieren als Menschen, die vor allem verstandesmäßig reagieren. Diese wollen und brauchen nämlich erst einmal eine logische Erklärung.

Aber auch willensstarke Menschen sind hypnotisierbar. Es ist ein Gerücht, dass lediglich willensschwache und psychisch labile Menschen für die Hypnose geeignet sind.

Wer sollte von Selbsthypnose absehen?

Von einer Selbstbehandlung ist bei folgenden Symptomen und Erkrankungen dringend abzuraten:

- Psychiatrischen Erkrankungen (z. B. Schizophrenie, endogene Psychosen)
- Demenz (z. B. Alzheimer-Demenz)
- Hypotonie
- mangelnder innerer Bereitschaft
- Neigung zu Kurzschlusshandlungen

In diesen Fällen ist ein geeigneter Therapeut zu konsultieren.

Was kann ich durch Selbsthypnose erreichen?

Über die gezielte Tiefenentspannung ist es möglich, sein Bewusstsein zu erweitern und zu einer anderen, neuen Lebenseinstellung zu finden, seinem Leben einen Sinn zu geben und mit sich selbst in Einklang zu gelangen. Allein dies wäre schon einen Versuch der Selbsthypnose wert. Doch vermag diese Art der Entspannung noch viel mehr: Sie kann positive Energien freisetzen und diese gezielt dahin leiten, wo sie dringend benötigt werden, z. B. zur Einleitung eines Selbstheilungsprozesses oder zur Konfliktlösung.

Sie können durch Selbsthypnose erreichen:
- ein erfülltes Gefühlsleben
- ein starkes Selbstbewusstsein und Selbstvertrauen
- Aktivierung der Lebensenergie
- Steigerung der Lebensfreude
- Verbesserung der Entscheidungsfähigkeit
- Steigerung der Lern- und Konzentrationsfähigkeit
- Problemlösung in allen Bereichen
- Beeinflussung von gesundheitlichen Störungen
- Abbau seelischer Belastungen
- Entdeckung versteckter Fähigkeiten
- Größere innere Freiheit und Offenheit für Neues
- Lösung von Abhängigkeiten
- Sicherheit, Gelassenheit, Glück

Wenn Sie Ihre Zukunft also anders gestalten wollen, dann sollten Sie sich über sich selbst klar werden und sich intensiv mit Ihrer derzeitigen Situation befassen, damit Sie sich geeignete Ziele setzen können.

Wie funktioniert das Unterbewusstsein?

Es gibt verschiedene Bezeichnungen für das Bewusstsein, wie z. B. das „Überbewusstsein“ oder das „Wachbewusstsein“, und sicher sind Ihnen auch schon oft die Begriffe „Unterbewusstsein“ und „Unbewusstes“ begegnet.

Das Bewusstsein wird mit dem Verstand, Intellekt oder auch dem logischen Denken in Verbindung gebracht, während das Unbewusste bzw. Unterbewusstsein als Sitz der Emotionen bezeichnet wird. Mit einem Eisberg verglichen, macht das Bewusstsein – als der sichtbare Teil über dem Wasserspiegel – nur 10 Prozent unseres Seins aus. Die restlichen 90 Prozent – also das Unbewusste – sind unter Wasser und damit ziemlich unsichtbar. Obwohl schon die alten Griechen die Existenz des Unbewussten anerkannten, ist uns die genaue Arbeitsweise und Struktur des Unterbewusstseins noch immer nicht bekannt. Sicherlich haben Forschung und Fortschritte in der Psychoanalyse dazu beigetragen, dass wir gröbere Zusammenhänge besser erkennen können. Besonders Sigmund Freud ist hier zu erwähnen, der den unbewussten Vorgängen im Menschen und deren Folgen eine größere Bedeutung gab. Inzwischen ist hinreichend bekannt, dass die überwiegende Zahl der heutigen Krankheiten seelische und psychische Ursachen hat. Umso erstaunlicher ist es, dass die Erkenntnisse über die Struktur des Unterbewusstseins noch nicht weiter fortgeschritten sind.

Besonders die so genannten Zivilisationserscheinungen wie Stress, Unzufriedenheit oder Konsumzwang lösen weit mehr körperliche Beschwerden aus, die sich dann zu lebensgefährlichen Krankheiten entwickeln können, als allgemein angenommen wird. Gerade deshalb ist es für uns so wichtig, das große Potenzial in uns zu entdecken und diese Kraft für unser körperliches und seelisches Wohlbefinden einzusetzen.

Im Unterbewusstsein sind alle Erfahrungen und Empfindungen gespeichert, die wir jemals gehabt haben – von der vorgeburtlichen, der pränatalen Phase bis zum heutigen Tag. Erinnern können wir uns nur an einen Bruchteil davon, an ganz bestimmte Situationen. Doch jede Erfahrung – sei sie positiver oder negativer Natur –

beeinflusst unser Handeln, unser Empfinden und unser tägliches Leben. Ängste im Erwachsenenalter können so ihren Ursprung in frühesten Kindheitserlebnissen haben, wenn beispielsweise die Etern darauf bestanden haben, dass das Kind nachts mit geschlossenen Vorhängen schlafen musste. Diese kindliche Angst kann erst sehr viel später zu Phobien führen – und niemand kann sich dann erklären, warum man gerade unter diesen Ängsten leidet. Wer jedoch Zugang zu seinem Unbewussten findet, erhält Antworten auf alle seine Fragen. Man kann herausfinden, warum man immer die falschen Partner wählt oder seinen Ärger hinunterschluckt und zwangsläufig Magenbeschwerden bekommt. Dr. M. Maltz war der Erste, der das Unterbewusstsein mit einer Datenverarbeitungsanlage verglich, in der alle Daten – also alle Vorgänge in unserem Leben – genau gespeichert werden.

Sogar körperliche Vorgänge werden über das Unbewusste gesteuert. Hypnotische Experimente belegen, dass durch Suggestionen der Herzschlag beeinflusst oder die Tätigkeit bestimmter Organe verlangsamt bzw. beschleunigt werden kann. Nicht unbekannt ist das Verfahren in Asien, vor Operationen den Körper durch Hypnose, d. h. durch Befehle an das Unbewusste, so vorzubereiten, dass wenig Blut fließt und Schmerzen verringert werden. Die Körpertemperatur kann auf diese Weise ebenfalls den jeweiligen Erfordernissen angepasst werden.

Abgesehen vom Unterbewusstsein des Einzelnen gibt es auch das so genannte kollektive Unterbewusstsein. Jeder von uns ist ein Teil davon und wir alle zusammen machen dieses kollektive Unterbewusstsein aus. Es ist unmittelbar mit der universellen Kraft – mit der Allweisheit – verbunden. Auch wir – jeder Einzelne von uns als Teil dieses kollektiven Unterbewusstseins – finden diese Kraft in uns.

Um unser Unbewusstes zu beeinflussen, müssen wir seine Arbeitsweise berücksichtigen. Das Unterbewusstsein urteilt nicht. Es nimmt negative und positive Eindrücke in gleicher Weise auf und setzt beides mit der gleichen Energie in die Tat um. Das Unbewusste ist sehr auf das Wort fixiert und am besten versteht es einfache Sätze. Noch viel tiefer prägen sich Bilder ein.

Wenn Sie in Hypnose jemanden fragen: „Möchten Sie mir sagen, in welcher Straße Sie wohnen?“, dann erhalten Sie vom Unterbewusstsein die Antwort „ja“ oder „nein“. Wollen Sie aber den Straßennamen wissen, dann muss die Frage konkret gestellt werden: „Sagen Sie mir bitte den Namen der Straße, in der Sie wohnen.“ Dann wird auch eine richtige Antwort auf eine korrekte Frage erfolgen. Das Unterbewusstsein arbeitet demnach sehr konsequent – sozusagen Wort für Wort.

Diese Erkenntnisse sind wichtig für die Selbsthypnose und die damit verbundenen Suggestionen, die Sie einsetzen, um Ihre Wünsche zu realisieren.

Unser Gedächtnis, das im Bewusstsein angesiedelt ist, vergisst leicht und ganz besonders gern die Dinge, die uns unangenehm sind, die wir am liebsten verdrängen. Doch aus dem Unterbewusstsein lässt sich nichts verdrängen, weder Gefühle noch Erfahrungen noch Tatsachen – sogar Gerüche und Geräusche werden gespeichert. Diese Informationen im Unbewussten beeinflussen unser Handeln jedoch in großem Maße. Gerade unsere Gefühle erscheinen uns oft unerklärlich. Zu jedem Gefühl gibt es aber eine Geschichte, eine Erklärung, die im Unterbewusstsein aufgezeichnet ist. Sie sehen also, welch wichtige Rolle das Unbewusste in unserem Leben spielt.

Das Unterbewusstsein schützt uns. Es ist ständig „wach“ – ob wir schlafen oder in Narkose liegen –, unser großer Verbündeter ist immer da. Wenn Sie z. B. beim Autofahren in eine kritische Situation geraten und blitzschnell auf die Bremse treten, dann haben Sie bewusst noch gar nicht erfasst, was eigentlich passiert ist und was Sie so plötzlich bremsen ließ. Ihr Unterbewusstsein – ständig für Sie tätig – hat Sie reagieren lassen.

Haben Sie sich schon einmal Gedanken über Ihr Unterbewusstsein gemacht? Was ist Ihr Unterbewusstsein für Sie? Eine unbekannte Größe, etwas Unheimliches oder Ihr Freund? Der Mensch ist eine Einheit aus Körper, Geist und Seele. Bei allem, was Sie anstreben, sollten Sie diese Einheit nicht unberücksichtigt lassen. Ob es sich dabei nun um die Lösung von speziellen Problemen handelt, um die Behandlung von Krankheiten oder die Planung Ihrer Zukunft.

Was sind Suggestionen und wie wirken sie?

Die Begriffe „Suggestion“ oder „suggerieren“ bedeuten semantisch „jemandem etwas einreden, einflüstern, von seinen Ideen überzeugen“. Es handelt sich um eine Beeinflussung des Denkens, des Wollens, des Fühlens und des Handelns eines Menschen sowohl auf körperlicher wie auch auf geistig-seelischer Ebene. Bei der Hypnose erhalten Sie durch den Hypnotiseur Fremdsuggestionen – bei der Selbsthypnose arbeiten Sie mit Ihrer eigenen Suggestion, also durch Autosuggestion. Sie geben Ihrem Unterbewusstsein Ihre Vorstellungen ein. Wenn Sie beispielsweise sagen: „Ich bekomme in der Stadt garantiert keinen Parkplatz“, so handelt es sich hier um eine negative Autosuggestion. Durch eine Suggestion rufen Sie eine bestimmte Vorstellung hervor, beeinflussen dadurch Ihre Gefühle und Ihre Entschlüsse und folglich auch Ihr Handeln. Wie eingangs schon erwähnt, unterliegen wir im täglichen Leben alle mehr oder minder starken unbemerkten Suggestionen. Wenn Sie den Werbefunk hören, dann werden Ihnen auch alle möglichen Produkte suggeriert. Selbst wenn Sie nicht bewusst zuhören, so wird die Wirkung dieser Werbesprüche nicht ganz ausbleiben, denn sie erreichen auf jeden Fall Ihr Unterbewusstsein. Unterschwellig manifestiert sich in Ihnen dann vielleicht, dass es doch recht praktisch sein könnte, mit dem neuen Fenstertuch zu putzen ... Und wenn Sie bei der nächsten Gelegenheit ein neues Fenstertuch benötigen, greifen Sie vielleicht – unbewusst – zu dem Produkt, das Ihnen durch die Werbesuggestion schon bekannt ist.

Aber auch wir selbst können uns durch unbewusste Autosuggestionen beeinflussen. Überprüfen Sie einmal Ihre Gedanken – wie sprechen Sie mit sich selbst? Wie oft sagen Sie zu sich: „Ich Trottel“, oder Ähnliches? Wie steht es um Ihre Einstellung zu Ihrem Leben, zu Ihrem Erfolg in Ihren Beziehungen? Was glauben Sie von sich? Meinen Sie, Sie könnten nicht abnehmen, nicht konzentriert lernen, nicht glücklich sein? Diese unbewussten negativen Eigensuggestionen haben ihre Auswirkungen. Betrachten Sie Ihr Leben einmal nach diesen Gesichtspunkten und beantworten Sie die folgenden Fragen.

Unbewusste Autosuggestionen

Zum Erfolg:
Welche Einstellung habe ich zu Erfolg bzw. Misserfolg?
Ich kann die Aufgaben nicht bewältigen.
Ich habe das nicht gelernt.
Ich kann keinen Stress vertragen.
Ich habe keine Freude an dieser Arbeit.

Zur Liebe:
Keiner liebt mich.
Ich finde nie den idealen Partner.
Ich bin zu dick/dünn/groß/klein, deshalb findet mich niemand attraktiv.
Ich bin nichts Besonderes.

Zur Gesundheit:
Ich habe Angst vor Krankheit.
Wenn ich spät zu Bett gehe, bekomme ich Kopfschmerzen.
Ich bin so anfällig für jede Infektion.

Zu finanziellen Problemen:
Ich gebe immer mehr aus, als ich einnehme.
Ich kann nicht mit Geld umgehen.
Ich kann nicht rechnen.

Diese Liste können Sie beliebig fortsetzen. Finden Sie heraus, WARUM Sie sich gerade in der Situation befinden, in der Sie heute sind. Welche unbewussten Suggestionen liegen hier zugrunde?

Das Unterbewusstsein hat einen „kindlichen Verstand", versteht am besten simple Sätze; einfache bildhafte Vorstellungen prägen sich am nachhaltigsten ein. Wir können dieses Wissen nutzen, um herauszufinden, was wir anstreben. Eine Suggestion vollzieht sich nicht im Bewusstsein, sondern nur im Unbewussten.

Damit Sie hier ganz klar „sehen", Ihnen Unbewusstes bewusst wird, notieren Sie einmal drei Tage lang die sich wiederholenden Gedanken über sich selbst. Schreiben Sie auf, wenn Sie zu sich sagen: „Das habe ich aber toll geschafft." Notieren Sie aber ebenso Bemerkungen wie: „Das kann ich nicht."

Der Gedanke ist der Vater aller Dinge. Daraus kann sich ein Bild entwickeln, dem eine Ausführung folgen kann. Alles, was wir durch Suggestionen bewirken, ist lediglich die Wirkung unserer eigenen Gedanken. Aus diesem Grund ist Gedankenhygiene wichtig und notwendig, denn natürlich haben die negativen Gedanken auch negative Folgen. Achten Sie auf Ihre Gedanken. Machen Sie es sich zur Gewohnheit, einen negativen Gedanken sofort zu erkennen und ihn in einen positiven umzuwandeln. Wenn Ihre Gedanken unkontrolliert herumschwirren, brauchen Sie sich nicht zu wundern, wenn Ihr Leben ebenso unkontrolliert verläuft.

In die Gedanken können wir unsere Wünsche und unsere Ziele integrieren, können diese in formelhafte Sätze bringen, die wir uns täglich bewusst vorsagen. Besonders wirksam werden diese Formeln im Zustand der Entspannung zusammen mit einer bildhaften Vorstellung.

Dabei sollten sich unsere Wünsche im Rahmen des Möglichen bewegen. Es hat weder Sinn noch bringt es Erfolg, sich vorzustellen, dass morgen früh die Wohnung blitzblank geputzt ist (sofern man nicht gewillt ist, eine Nachtschicht einzulegen) oder dass Sie plötzlich dunkles volles Haar haben, wenn Sie schütteres, graues Haar Ihr Eigen nennen. Wenn Sie sich jedoch vorstellen, dass Sie ruhig und gelassen in eine Prüfung gehen und ein gutes Ergebnis erzielen werden (wobei Sie sich natürlich die notwendigen Kenntnisse schon aneignen müssen), dann haben Sie durchaus reelle Chancen, durch die Kraft Ihrer Gedanken diesen Wunsch zu verwirklichen.

Je häufiger Sie Ihre Suggestionsformel anwenden, desto tiefer prägt sie sich im Unterbewusstsein ein und macht den Erfolg immer sicherer. Dabei sollten sie sich auf höchstens drei verschiedene Themen beschränken, denn sonst verstreuen Sie Ihre Energie zu sehr und der Erfolg rückt in weite Ferne.

Suggestionen
- sind formelhafte Sätze mit bildhafter Vorstellung,
- werden verstärkt durch Emotionen und
- sind intensiver Glaube an ein bestimmtes Ziel.

Suggestionen wirken
- durch ständige Wiederholung und
- besonders im entspannten Zustand.

Suggestionen sollten
- kurz, klar und deutlich sein,
- sich an der Realität orientieren,
- nicht überfordern,
- ausschließlich positive Worte enthalten und
- in der Ich-Form und in der Gegenwart gehalten sein.

Wer diese Grundlagen der Suggestionstechnik kennt und beherzigt, der besitzt alle Mittel, sein Leben bewusst zu seinem Vorteil zu verändern. Sie haben sich zu diesem Schritt entschlossen, und dazu möchten wir Ihnen gratulieren.

Praxis der Selbsthypnose

Wie kann ich einen hypnotischen Zustand herbeiführen?

Wenn Sie bereits einige Entspannungstechniken kennen, dann ist der Einstieg in die Selbsthypnose für Sie einfacher. Aber auch auf diesem Gebiet Unerfahrene können die Selbsthypnose relativ kurzfristig erlernen. Auch hier gilt: Übung macht den Meister. Bleiben Sie gelassen, so kommen Sie schneller ans Ziel – setzen Sie sich also nicht unter Erfolgszwang.

Die Voraussetzungen dafür – ganz loslassen und entspannen –, sind sehr wichtig. Ziehen Sie sich zurück, sorgen Sie dafür, dass Sie nicht gestört werden und schaffen Sie eine angenehme Atmosphäre, in der Sie sich geborgen und wohlfühlen. Vielleicht hören Sie gerne leise meditative Musik. Tragen Sie Kleidung, die Sie nicht einengt und machen Sie es sich bequem. Sie können sich hinlegen oder sitzen – die Hauptsache ist, Sie fühlen sich wohl in dieser Lage und können alle Muskeln entspannen.

Nehmen Sie sich viel Zeit für sich, lassen Sie los von allem, was Sie bedrückt und belastet – vor allem aber lassen Sie los vom Erfolgszwang. Sie können Ihr Unbewusstes für sich arbeiten lassen. Blocken Sie keinen Gedanken ab, lernen Sie, auf sich selbst zu vertrauen.

„Kopfmenschen" fällt es schwerer, sich auf Dinge zu verlassen, die sich weder mathematisch noch naturwissenschaftlich erklären lassen. In solchen Fällen macht es wenig Sinn, angestrengt zu versuchen, in einen Trancezustand zu kommen. Eine bessere Vorbereitung wäre hier die intensive Beschäftigung mit entsprechenden Themen und vielleicht auch die Teilnahme an einem Seminar, damit diese Blockade sanft, aber nachhaltig abgebaut wird. Erzwingen lässt sich bei der Beschäftigung mit den sensibelsten Ebenen unseres Seins überhaupt nichts. Auch Menschen, die heute noch zu sehr den Äußerlichkeiten verhaftet sind, werden zu einer bestimmten Zeit im Leben an einen Punkt kommen, an dem sie sich den geistigen Ebenen öffnen können.

Einleitung in den hypnotischen Zustand

Es hat sich als nützlich erwiesen, am Anfang mit einem Hilfsmittel zu arbeiten. Dazu gehört z. B. ein Bild, ein Muster in der Tapete, vielleicht eine Zimmerpflanze. Gute Erfahrungen werden auch mit einer brennenden Kerze oder einem lodernden Kaminfeuer gemacht. Das flackernde Licht hat eine beruhigende und gleichzeitig hypnotisierende Wirkung. Ein Kristallpendel ist ebenfalls sehr gut geeignet, einen Trancezustand hervorzurufen. Probieren Sie aus, was Ihnen am besten gefällt.

Wenn Sie alle Hektik, Stress und die Alltagssorgen vor der Tür gelassen haben und es sich in einem ruhigen Raum bequem gemacht haben, sind die richtigen Voraussetzungen für die Selbsthypnose gegeben. Nehmen Sie eine für Sie bequeme Haltung ein und richten Sie Ihre Sinne nach innen. Sie lassen los von allem, lassen los von Ihren Gedanken und konzentrieren sich auf sich selbst. Sie spüren, wie Sie ruhig werden, wie Ihr Körper leicht und leichter wird, wie Sie sich mehr und mehr entspannen. Lassen Sie Ihren Blick auf dem ausgewählten Gegenstand, z. B. der Kerze, ruhen, die Sie bequem von Ihrem Platz aus betrachten können. Gleichzeitig atmen Sie ruhig. Sie atmen tief ein und aus – ein und aus.

Sie denken oder sagen beispielsweise:
„Während ich die Kerze betrachte, werden meine Augenlider schwer und schwerer – sie werden immer schwerer. Bald sind sie so schwer, dass ich meine Augen schließe. Bald bin ich in einem Zustand der Trance."

Wiederholen Sie diese Worte so lange, bis Sie spüren, dass Ihre Augenlider schwerer werden und Sie sie schließen möchten. Geben Sie diesem Wunsch nach und schließen Sie die Augen.

Ihr Unterbewusstsein benötigt ein persönliches Schlüsselwort, um die Trance herbeizuführen. Gut geeignet ist hierfür der Satz: „Entspanne dich jetzt."

Dabei ist das Wort „Jetzt" wichtig, damit Ihr Unbewusstes den Befehl sofort ausführt. Wiederholen Sie diesen Satz dreimal.

Nun beginnen Sie mit der Entspannung der Muskeln:
Beginnen Sie mit dem rechten Bein – von den Zehen aufwärts bis zur Hüfte spannen Sie die Muskeln an und lassen sie dann los. Gehen Sie ebenso mit dem linken Bein vor. Spannen Sie alle Muskeln so stark wie möglich an, bevor Sie sie loslassen. Ein angenehmes Gefühl wird diese Übung begleiten. Gehen Sie in Gedanken weiter am Körper hinauf, entspannen Sie Magen- und Bauchmuskulatur, dann die Brustmuskeln. Sie spüren, dass Ihre Atmung langsamer und tiefer wird. Bei Anfängern kann es auch passieren, dass der gegenteilige Effekt eintritt und die Atmung sich beschleunigt. Das braucht Sie nicht beunruhigen. Atem, Puls- und Herzschlag regulieren sich automatisch.

Spannen und Entspannen Sie nun die Rückenmuskulatur, die Schultern und den Nacken. Ebenso die Arme bis hin zu den Fingerspitzen.

Im tieferen Stadium der Hypnose entspannen sich die Gesichtsmuskeln, es tritt eine leichte Ausdrucksstarre ein.

Um die nächste Entspannungsebene zu erreichen, sagen Sie sich: „Ich gleite tiefer und tiefer".

Wiederholen Sie diesen Satz mehrmals und stellen Sie sich dabei vor, Sie fahren mit einer Rolltreppe oder einem Lift nach unten.
Betreten Sie die Rolltreppe oder den Lift, zählen Sie von 10 bis 0.
Sie spüren, wie die Rolltreppe Sie immer weiter nach unten trägt, Sie schweben tiefer und tiefer.
Gleichzeitig mit der Zahl 0 haben Sie das Ende der Rolltreppe erreicht und betreten wieder festen Boden.

Um das Entspannungsgefühl zu vertiefen, wiederholen Sie die Rolltreppenübung dreimal. Später werden Sie durch das Training immer schneller in einen Entspannungszustand, in die Hypnose, fallen und die Übung nicht mehr mehrmals wiederholen müssen.

Sollten Sie eine Abneigung gegen Rolltreppen und Aufzüge haben, dann steigen Sie einfach zu Fuß die Treppe hinunter. Spüren Sie, wie Sie mit jeder Stufe immer tiefer und tiefer sinken.

Möchten Sie ein noch tieferes Stadium der Hypnose erlangen, können Sie diesen Zustand mit einer Suggestion einleiten. Stellen Sie sich vor Ihrem geistigen Auge eine Situation vor, die Ihre Entspannung weiter fördert. Dies kann z. B. Meeresrauschen und eine Hängematte unter Palmen sein, oder Sie liegen im Geiste auf einer Frühlingswiese und lauschen dem Zwitschern der Vögel – suchen Sie sich Ihr ganz persönliches Entspannungsbild.

Bleiben Sie in diesem Zustand, solange es Ihnen gefällt, und beenden Sie die Hypnose mit dem Gedanken:
„Nun werde ich aufwachen."

Zählen Sie langsam bis 5, besser bis 10, falls es Ihnen zu schnell geht. Sie wachen auf und fühlen sich entspannt, erfrischt und wohl.

Wenn Sie sich in Hypnose befinden, verlieren Sie Ihr Zeitgefühl. Was Ihnen wie eine Stunde erscheinen mag, waren in Wirklichkeit nur einige Minuten in Trance. Sie können die Zeit der Hypnose sogar durch eine entsprechende Suggestion regulieren, indem Sie festlegen, dass Sie nach einer bestimmten Zeitspanne aufwachen wollen. Lassen Sie sich überraschen – es wird mit größter Wahrscheinlichkeit klappen!

Wer sich zum ersten Mal in Hypnose versetzt, ist natürlich neugierig, ob es wirklich gelingen wird und ob er sich überhaupt selbst beobachten will. Versuchen Sie, diese Gedanken und Erwartungen loszulassen. Gehen Sie ganz einfach mit einer positiven Einstellung an die Übung, glauben Sie daran, dass Sie einen Trancezustand erreichen, aber nehmen Sie das Resultat Ihrer Bemühungen nicht so wichtig. Sie blockieren sich sonst und ein Misserfolg ist vorprogrammiert.

Methoden und Techniken der Selbsthypnose

Bei der Selbsthypnose wird mit den folgenden vier Techniken gearbeitet, wobei Einleitung und Aufwachen bei allen Methoden gleich bleibt:

Autosuggestion

Hierbei handelt es sich um die Wiederholung bestimmter Formeln, die für die jeweilige Situation erarbeitet werden. Die Zentralformel von Émile Coué, dem Begründer der modernen, bewussten Autosuggestion, lässt sich in jeder Lage und für jeden anwenden:

„Es geht mir jeden Tag in jeder Hinsicht immer besser und besser."

Durch intensive Suggestionsarbeit, Entspannung und Meditation führt Sie diese natürlichste Technik zu Ihrem Unterbewusstsein.

Sie entspannen sich so tief Sie können. Mit der Zeit wird es immer schneller gehen und der Trancezustand wird immer tiefer werden. Wenn Sie einen hypnotischen Zustand erreicht haben, dann können Sie gezielte Suggestionen zur Lösung Ihrer Probleme eingeben. So setzen Sie Ihr Unterbewusstsein ein, um Ihr Leben zu verändern. Durch unseren Realitätsbezug haben wir die Gabe unserer Kindheit, in Bildern zu denken, meist weitgehend verloren. So wie wir oft auch vergessen haben, unsere Tagträume zu pflegen.

Mit ein paar einfachen Übungen können Sie beginnen, Ihre bildhafte Vorstellungskraft wiederzubeleben. Nehmen Sie z. B. ein Foto Ihres letzten Urlaubs, konzentrieren Sie sich darauf und erinnern Sie sich an die Stimmung, an den Tag, als das Foto geknipst wurde. Nun schließen Sie die Augen und versuchen Sie, sich dieses Bild vorzustellen. Oder schauen Sie aus dem Fenster, betrachten Sie den

Ausblick genau in allen Einzelheiten; schließen Sie die Augen und lassen Sie das Bild vor Ihrem geistigen Auge wieder entstehen. Mit der Zeit wird es Ihnen immer leichter fallen, Bilder zu sehen. Der nächste Schritt ist die Vorstellung Ihrer Wünsche: Sehen Sie sich, wie Sie eine Prüfung bestehen, wie Sie die Urkunde erhalten – wie der Prüfer Sie lobt und die Anwesenden Ihnen applaudieren.

Selbsthypnose durch Fremdhypnose

Falls Sie nicht die Geduld aufbringen, durch fleißiges Üben selbst in einen Trancezustand zu kommen, hilft Ihnen vielleicht eine Fremdhypnose durch einen Therapeuten. Der Hypnosetherapeut nimmt einen so genannten Rapportwechsel vor. Das bedeutet, dass er während der Hypnose dem Hypnotisierten eine einzige Suggestion eingibt: Den Befehl, bei einem bestimmten Wort sofort in Hypnose zu fallen und alle Suggestionen so auszuführen, als würden sie von dem Hypnotiseur gegeben.

Diese Methode kürzt zwar die Lernphase ab und Sie können sich danach vielleicht schneller selbst hypnotisieren. Aber nichts kann die Arbeit an sich selbst ersetzen. Sie wollen doch an sich arbeiten, und dazu benötigen Sie Geduld und Zeit, und beides sollten Sie aufbringen, denn nicht die Schnelligkeit ist entscheidend, sondern das Resultat. Auf das, was Sie allein geschafft haben, dürfen Sie stolz sein.

Selbsthypnose durch besprochene Tonträger

a) Ein Tonträger wird mit von Ihnen erarbeiteten Suggestionen besprochen, die Sie dann jeweils im Hypnosezustand abhören. Diese Methode hat den Vorteil, dass Sie sich nicht mehr selbst Befehle geben müssen, sondern sich einfach nur auf Ihre eigene Stimme konzentrieren. So können Sie ganz loslassen und Ihre Worte konzentriert durch Bilder verstärken.

b) Seit einiger Zeit gibt es auch Subliminalkassetten. Bei dieser Methode ist durch eine neue, verfeinerte Technik das gesprochene Wort für unser Ohr nicht mehr bewusst hörbar. Sie hören nur entspannende Musik, während Ihr Unterbewusstsein aufnahmebereit ist für die Suggestionen. Bei dieser Methode brauchen Sie sich nicht einmal aktiv in einen Entspannungszustand zu begeben. Die meditative Musik schafft eine gewisse Grundentspannung und Ihr Unterbewusstsein ist immer bereit, Informationen von Ihnen aufzunehmen. Diese Subliminalkassetten können z. B. während der Hausarbeit oder beim Lesen gehört werden.

Eine Kombination aus Suggestion und Visualisierung ist sehr erfolgreich, denn dies ist die Sprache Ihres Unterbewusstseins. Auch Ihr Gesprächspartner versteht Sie am besten, wenn Sie sich seinem Sprachniveau anpassen. Auf diese Weise können viele Missverständnisse vermieden werden. Bei Ihrem Unterbewusstsein funktioniert es genauso.

Probieren Sie die verschiedenen Techniken aus und entscheiden Sie dann, welche Sie wählen wollen.

Die Gesetze der Hypnose

Bevor wir uns den praktischen Beispielen zuwenden, möchten wir Ihnen die drei Gesetze der Hypnose erklären. Erst wenn Sie diese drei Gesetze verinnerlicht haben und immer berücksichtigen, werden Sie das Beste aus sich und Ihrem Leben machen können.

1. *Jede bildhafte Vorstellung hat das Bestreben und die Kraft sich zu verwirklichen.*

Allem, was Sie tun, ging zuerst ein Gedanke voraus. Nichts geschieht, ohne dass es vorher gedacht wurde. Der Gedanke ist der kreative Teil aller Handlungen – der Rest ist nur noch eine mechanische Ausführung. Die Verwirklichung eines Gedankens gelingt am ehesten, wenn wir ihn in eine bildhafte Vorstellung umsetzen. Wird diese bildhafte Vorstellung durch Emotionen unterstützt bzw. von dem Wunsch nach Realisierung, so gibt es nur noch wenige Hindernisse für die Verwirklichung des Gedankens.

Die bildhafte Vorstellung des Schlafens leitet z. B. den Schlaf ein – die Vorstellung einer schlaflosen Nacht beschert Ihnen mit großer Wahrscheinlichkeit eine schlaflose Nacht. Daraus ergibt sich das zweite Gesetz:

2. *Wenn Wille und Glaube im Widerspruch zueinander stehen, unterliegt immer und ohne Ausnahme der Wille.*

Wer sich müde ins Bett legt, will schlafen. Wer aber glaubt, dass er nicht schlafen kann, wird zwangsläufig nicht schlafen, auch wenn er es will. Die meisten Menschen kennen solche schlaflosen Nächte, wenn der Wille zu schlafen immer stärker wird, weil der Morgen naht und der neue Arbeitstag vielleicht große Anforderungen an uns stellt. Der Wille bleibt jedoch Verlierer, wenn er nicht mit dem Glauben übereinstimmt.
Wenn wir uns dieses Gesetz in allen Lebenslagen vor Augen führen und unsere Konsequenzen daraus ziehen, dann werden wir alle Situationen meistern können. Viele Menschen leiden heute an psychosomatischen Erkrankungen, bei denen keine physischen Ursachen zu finden sind. Trotzdem fühlen sie sich krank und haben Schmerzen. Je mehr sie sich jedoch mit ihrer Krankheit befassen, desto kränker werden sie. Wer jedoch erkennt, dass er gesund sein will, und auch daran glaubt, dass er gesund ist, der wird sich besser fühlen und Gesundheit anziehen. Bildhafte Vorstellungen unterstützen dann den Heilungsprozess.

3. *Die willensmäßige Anstrengung bewirkt das Gegenteil.*

Ein starker Wille ohne bildhafte Vorstellung führt nicht nur zu Misserfolg, sondern er bewirkt sogar exakt das Gegenteil von dem, was wir uns wünschen.

Erkenntnis

- Achten Sie auf Ihre Gedanken, denn sie bestimmen Ihr Leben.
- Jede bildhafte Vorstellung will sich verwirklichen.
- Glauben Sie an Ihre Ziele.
- Unterlassen Sie den Einsatz Ihres Willens.

Problemlösung durch Selbsthypnose

Was sind Probleme und was wollen sie uns sagen? Wer viele Probleme hat, wird vermutlich ob dieser Frage den Kopf schütteln und keine eindeutige Antwort parat haben. Fragen Sie Ihre Bekannten und Freunde, was sie als Probleme betrachten. Wahrscheinlich werden Sie überschüttet mit den kleinen und den großen Sorgen Ihrer Mitmenschen, angefangen von Schwierigkeiten im Beruf bis hin zu gesundheitlichen Störungen oder einer unglücklichen Liebesbeziehung. Die Feststellung: „Jeder hat Probleme", ist bei den meisten Menschen schon so sehr im Unterbewusstsein verwurzelt, dass sich kaum jemand mehr wirklich Gedanken über das Wesen und über den Sinn eines Problems macht.

Wer sich mit den geistigen Gesetzen befasst, weiß allerdings, dass alles, was einem Menschen begegnet, einen tieferen Sinn hat und vom Betroffenen selbst in irgendeiner Weise ausgelöst wurde. Auf den ersten Blick sind die Zusammenhänge oft nicht erkennbar. Bei der Betrachtung mancher Schicksale fragt man sich vielleicht, warum dem einen so viel Gutes und dem anderen so viel Unheil widerfährt. Die Einstellung des Einzelnen zu seinem Leben und damit folglich auch zu seiner Problematik ist hier der springende Punkt.

Jeder Mensch hat die Freiheit zu entscheiden, was für ihn wichtig und was nebensächlich ist.

Ein Beispiel: Manche Autofahrer halten einen Kratzer an ihrem Wagen für ein Problem. Sie haben keine Freude mehr an ihrem Auto, werden aggressiv gegenüber jedem, der ihrem Wagen zu nahe kommt. Andere bemerken solche Kratzer nicht einmal. Einzig und allein die Einstellung entscheidet hier: Für den Einen ist der makellose Wagen wichtiger als die Freude am Fahren, für den Anderen ist der Wagen nur ein fahrbarer Untersatz und da spielt ein Kratzer keine Rolle.

Wer sich in einer für ihn aussichtslos erscheinenden Situation befindet, wird hier protestieren und erklären, dass sein „Fall“ nicht mit einem Kratzer am Auto zu vergleichen ist. Jedes Problem stellt eine Belastung für den Betroffenen dar und die Leidensskala beginnt bei einem Gefühl des leichten Unbehagens und kann bis zu tiefer Verzweiflung gehen. Trotzdem entscheidet einzig die Einstellung des einzelnen Menschen, was für ihn ein Problem ist.

Probleme sind Situationen, die wir nicht meistern können, weil wir oftmals abhängig von anderen Menschen oder Umständen sind, oder auch glauben, es zu sein. Es sind Situationen, in denen wir uns überfordert fühlen und glauben, nicht die notwendigen Voraussetzungen für eine Veränderung unserer Lage zu haben. Wer sich jedoch Zeit für eine Lösung seiner Probleme nimmt, sie einmal von allen Seiten betrachtet, wer tiefer geht und auch andere, neue Gedanken als die sich längst im Kreise drehenden zulässt, kann zu überraschenden Ergebnissen kommen. Als Erstes wird er vielleicht erfahren, dass ein Problem immer nur so wichtig ist, wie er selbst es nimmt. Allein durch diese Erkenntnis fühlen Sie sich nicht mehr so ausgeliefert – sind Sie doch nicht mehr nur „Opfer“, nein, Sie können selbst handeln und brauchen nicht immer nur zu reagieren. Die Gewissheit, dass Sie in jeder Lage selbst etwas tun können, macht Sie frei für eine positive Lösung und für neue Wege.

Nicht nur die eigene Einstellung zum Problem ist wichtig, sondern auch die Frage nach dem Sinn des Problems. Meist ist man jedoch so verfangen in der Problematik, dass solche Gedanken gar nicht erst wirken können.

Überdenken Sie einmal die letzten vier Wochen:
- Mit welchen Problemen waren Sie konfrontiert?
- Haben diese Probleme Ihr Leben verändert?
- Haben Sie durch diese Probleme neue Einsichten gewonnen?
- Haben Sie die Probleme gelöst – nach Ihrem Wunsch – oder haben Sie sich nach den Wünschen anderer gerichtet?

Denken Sie jetzt weiter zurück:
- Wie war das vor einem Jahr?
- Welche Probleme hatten Sie damals und wie haben Sie sie gelöst?
- Was haben diese Probleme an Ihrem Leben verändert?
- Stehen die heutigen Probleme im Zusammenhang mit früheren Problemen oder
- sind Sie vielleicht immer wieder mit demselben Problem konfrontiert?

Wie auch immer Ihre Probleme geartet sein mögen – sie wollen Ihnen etwas sagen: über Ihr Leben und Ihre Gefühle.

Wer sich beispielsweise ständig mit finanziellen Sorgen herumschlägt, sieht häufig nur, dass ihm Unrecht getan wird, dass er nicht das Geld bekommt, das er eigentlich verdient und das ihm zusteht. Sein Finanzproblem kann ihm aber auch wertvolle Aufschlüsse geben über sein Verhältnis zu Geld. Welchen Stellenwert hat das Geld in seinem Leben? Bedeutet es Glück, Erfolg, geliebt zu werden? Oder ist es einfach ein Mittel, sich das Leben bequem zu machen? Dient das Geld dazu, sich mit Statussymbolen zu schmücken, die vielleicht gar nicht den eigenen Wünschen entsprechen? Braucht man es, um sich Gefühle zu „erkaufen"? Oder wird jeder Cent gespart?

Wenn Sie für sich herausgefunden haben, was Ihnen Ihr Problem sagen will, so können Sie die Lösung in Angriff nehmen. Wenden Sie dieses Wissen an, um Ihr Problem wirklich zu lösen, um sich selbst von einer Belastung zu erlösen. Dann wird eine echte Veränderung eingeleitet. Sie werden künftig immer weniger Probleme haben, weil Sie nicht mehr oberflächlich an die Dinge herangehen, sondern sich mit dem Wesentlichen auseinandersetzen.

Wenn Sie sich weiterentwickeln und Ihr Leben in seiner ganzen Fülle erleben wollen, dann nehmen Sie die Probleme als Wegbegleiter an. Sie ermöglichen Ihnen neue Erkenntnisse und neue Möglichkeiten für Ihre Zukunft.

Dazu möchten wir Ihnen anhand von Beispielen zeigen, was Sie für sich tun können. Die Voraussetzung dafür ist aber immer eine Überprüfung der eigenen Einstellung und die Frage nach dem Sinn des Problems.

Beginnen wir mit der Einstellung zum Problem. Zum Problem wird für Sie das, was SIE zum Problem machen. Achten Sie deshalb verstärkt sowohl auf Ihre Gedanken wie auch auf Ihre Ausdrucksweise.

Im Kapitel „Aktivierung der Selbstheilungskräfte“ wurden spezielle Themen gewählt, die ausführlich besprochen werden und für die Lösungsvorschläge durch Selbsthypnose erarbeitet wurden. Nehmen Sie sich zu Beginn noch einmal Zeit, Ihre Ausgangssituation genauer unter die Lupe zu nehmen. Machen Sie eine Bestandsaufnahme und arbeiten Sie dann die folgenden Kapitel durch. Beantworten Sie die Fragen ehrlich und offen. Lassen Sie sich dabei Zeit und betrachten Sie die Dinge von verschiedenen Seiten. Versetzen Sie sich auch einmal in die Lage Ihres „Gegenspielers“, also beispielsweise Ihres Partners oder anderer Personen.

Das Glück liegt in uns selbst

Die heutige Zeit ist geprägt von einer rastlosen Jagd nach dem Glück. Wohin Sie blicken, wird Ihnen Glück in den verschiedensten Formen versprochen. Die Reklame verspricht Ihnen das Glück auf Erden, wenn Sie eine bestimmte Zigarettenmarke rauchen; die Bank bietet Ihnen das finanzielle Glück durch besonders günstige Kreditbedingungen; die Reisebüros wiederum versprechen Ihnen Glück an einem exotischen Urlaubsort.

Jedoch – für jeden bedeutet Glück etwas anderes. Der Eine ist glücklich, wenn er viel Geld verdient, der Andere empfindet Glück in den Armen des geliebten Menschen und der Dritte fühlt sich glücklich, wenn er einen schönen Sonnenaufgang in den Bergen erlebt. Das Glück ist kein Dauerzustand, sondern es besteht aus Momenten, die uns unvergesslich sind.

An dieser Stelle möchten wir uns hingegen mit dem so genannten „kleinen Glück" beschäftigen. Dies ist die innere Zufriedenheit, Harmonie, und die daraus resultierenden angenehmen Lebensumstände in jeder Beziehung.

Dieses „Mit-sich-selbst-im-Einklang-Stehen" wird uns durch die Reizüberflutungen des heutigen Lebens oft schwer gemacht. Niemand hat mehr Zeit, weder für andere noch für sich selbst! Gehen Sie einmal durch die Straßen und betrachten Sie Ihre Mitmenschen. Gehetzt und aggressiv wirken sie; leere Blicke, gehässige Worte und nervöses Drängeln, wohin man auch schaut. Wer so durch sein Leben eilt, der hat das Glück nicht gefunden, am wenigsten in sich selbst.

Das Glück und die Zufriedenheit liegen jedoch wahrhaftig in jedem selbst; in seinem tiefsten Inneren. Wer dies nicht entdeckt, dem geht ein wesentlicher Teil seines Lebens verloren.

Setzen Sie sich Ziele und trennen Sie Wichtiges von Unwichtigem. So können Sie Ihre Energie, Ihre Gedanken und Ihr Streben auf das Ziel fokussieren. Wer kein Ziel hat, wird nie zu Erfolg kommen können. Er wird ziel-los seine Zeit vergeuden, sein Leben wird dadurch sinn-los. Das Ziel gibt den Sinn.

Dann gilt es, die Hindernisse aufzuarbeiten, die Sie bis jetzt davon abgehalten haben, Ihr Kraftpotenzial zu entdecken und zu nutzen. Wir gehen deshalb den Weg nach innen, werden über Fragen an Ihr Unterbewusstsein noch einmal überprüfen, ob Sie den richtigen Weg gewählt haben, oder ob in Ihnen unbekannte Fähigkeiten schlummern, die entwickelt werden könnten.

Stellen Sie Ihrem Unterbewusstsein gezielte Fragen, die mit Ja oder Nein beantwortet werden können. Beginnen Sie damit, Ihr Unterbewusstsein zu fragen, ob die Information, die Sie wünschen, gut für Sie ist. Ist die Antwort ein Ja, dann können Sie mit Ihren Fragen beginnen.

Sollte Ihr Unterbewusstsein mit Ihrer eigenen Einschätzung von sich nicht übereinstimmen, dann versuchen Sie über zielgerichtete Fragen herauszufinden, welche Fähigkeiten in Ihnen schlummern.

Wenn Sie jahrelang der Meinung waren, dass Sie sprachlich sehr begabt sind und Ihr Unterbewusstsein dies jetzt nicht bestätigt, dann werden Sie vielleicht zuerst einmal etwas enttäuscht sein. Versuchen Sie zu akzeptieren, dass Sie bisher noch nicht alle Ihre Möglichkeiten ausgeschöpft haben. Geben Sie nicht auf, denn alles, was Sie bisher taten, hat Sie zu dem Punkt gebracht, an dem Sie heute stehen. Das ist durchaus ein Grund zur Dankbarkeit, auch wenn Sie Ihre Wünsche bisher noch nicht realisiert haben. Ohne Ihre Vergangenheit wären Sie heute nicht in der Lage, Ihr Leben zu verändern. Sie hätten im alten Trott weitergemacht, hätten die wunderbaren Möglichkeiten tief in sich nicht entdeckt und natürlich auch keinen Nutzen daraus ziehen können.

Lassen Sie alle Schuldgefühle los, denn die Vergangenheit entscheidet nicht über Ihr Leben. Die Zukunft ist wichtig und an Ihnen liegt es, wie Sie sie gestalten. Stehen Sie zu dem, was Sie in Ihrem Leben bisher gemacht haben, und erkennen Sie, dass alles in diesem Moment, in dem Sie es getan haben, gestimmt hat. Wenn sich im Nachhinein herausstellt, dass Sie Fehler gemacht haben, dann ist das ein Grund, aus diesen Fehlern zu lernen. Diese Einstellung sollten Sie sich zu eigen machen, um in Ihrem Leben voranzukommen, um Erkenntnisse zu gewinnen und aus Ihren Erfahrungen zu lernen und sich weiterzuentwickeln. Auch negative Ereignisse haben ihren Sinn. Gerade schmerzhafte Erfahrungen sind Stufen auf dem Weg nach oben. Nehmen Sie leidvolle Erlebnisse ebenfalls als einen Teil Ihres Lebens an und seien Sie dankbar für die Chance, daran zu wachsen und zu reifen.

Zum Glücklichsein gehört das Wissen um den Sinn des Lebens. Wenn Sie dauernd Stress haben, dann befragen Sie doch einmal Ihr Unterbewusstsein:

„Ist es der Sinn meines Lebens, täglich so viel zu arbeiten, dass ich abends todmüde ins Bett falle?“

Ihr Unterbewusstsein wird Ihnen ziemlich sicher mit Nein antworten. Lassen Sie Ihre Gedanken frei, fragen Sie Ihr Unterbewusstsein weiter und Sie werden den Sinn Ihres Tuns und Ihres Lebens erkennen.

Ein Wegweiser

1. Erkenntnisse sammeln und nutzen
Lassen Sie allen äußeren Besitz los. Das Einzige, was wir mitnehmen sollen und was unsere Persönlichkeit ausmacht, sind die Erkenntnisse, die wir aus unseren Erlebnissen und Erfahrungen gewonnen haben. Wir wurden nackt geboren und werden diese Welt ebenso verlassen. Das Einzige, was bleibt, sind unsere Erkenntnisse.

2. Den Augenblick erfüllen
Er-leben Sie jeden Augenblick bewusst und nutzen Sie ihn als Chance, versuchen Sie, ihn mit positiven Impulsen zu be-leben. Leben Sie im Moment, erkennen Sie die Aufgaben, die sich Ihnen stellen, und arbeiten Sie an einer positiven Lösung. Jede Minute ist einzigartig, sie wiederholt sich nicht. Lassen wir sie also nicht nutzlos verstreichen. Auch das Lächeln eines Vorübergehenden, das Vertrauen eines Freundes oder die Erkenntnis über den Wert jeder Minute sind erfüllte Augenblicke.

3. Unsere Aufgaben erkennen
Jeder Mensch hat seine Lebensaufgabe zu erfüllen. Dafür ist er optimal vorbereitet, hat alle Voraussetzungen, ist mit allem ausgestattet, was er zur Erreichung seines Ziels braucht.
Unser Lebensziel ist, diese Aufgabe zu erkennen und zu erfüllen.

4. Selbstverwirklichung
Erkennen Sie Ihr wahres Selbst und lassen Sie die Vollkommenheit sich entfalten. Erkennen Sie, dass Selbstverwirklichung nicht gleichzusetzen ist mit dem Nachgeben aller Launen. Wer dies tut, ist Sklave seiner Lust.
Wer sich jedoch entwickeln will, der lernt Selbstbeherrschung.

5. Der Tod als Krönung des Lebens
Der Tod ist das endgültige Loslassen von allem, was uns einengt, was Besitz von uns ergreifen will oder was wir besitzen wollen.
Der Tod ist die ultimative Freiheit. Aus dieser Freiheit heraus können wir im Tod die Krönung des Lebens sehen.

Durch die Aktivierung unserer positiven Anlagen wächst das Glück in uns. In jedem von uns schlummert ein großes Energiepotenzial, das unser Leben weitgehend bestimmen kann, sofern wir es freisetzen. So können wir die positive Kraft nutzen und stärken. Nach den geistigen Gesetzen kehrt alles, was Sie ausstrahlen, zu Ihnen zurück. Senden Sie positive Energie, erhalten Sie von Ihrer Umwelt eine entsprechende Antwort. Dadurch wird Ihre eigene Kraft immer wieder aufgeladen, wird stärker und stärker. Je mehr das Positive sich ausbreitet, desto geringer werden die negativen Kräfte. Machen wir uns bewusst, dass unsere Gedanken eine wesentliche Rolle in unserem Leben spielen Achten Sie also sorgsam auf alle Ihre Gedanken.

Sprechen Sie mit Ihrem Unterbewusstsein, bitten Sie um Selbstdisziplin, um Ihr Bewusstsein zu erweitern und Ihre Gedanken auf eine positive Ebene zu heben. Sie können dies mithilfe von Suggestionen und durch Visualisierung erreichen; indem Sie sich bildhaft vorstellen, wie Sie eine kritische Situation mit Ihrer positiven Einstellung angehen und wie sich alles nach Ihrem Wunsch und Ihrer Vorstellung entwickelt. Diese verbale und visuelle Vorstellung lassen Sie auf Ihr Unterbewusstsein wirken. Es wird Ihr Bild speichern und Sie darauf aufmerksam machen, wenn Sie in eine negative Denkweise verfallen.

Befragen Sie Ihr Unterbewusstsein, was Ihnen wirklich inneres Glück vermittelt. Lassen Sie Ihre Gedanken frei und nehmen Sie die Bilder auf, die vor Ihrem geistigen Auge entstehen, wenn Sie mit Ihrem Unterbewusstsein sprechen. Vielleicht wünschen Sie sich einen neuen Beruf, möchten in einer anderen Umgebung leben oder einfach mit Ihrer Umwelt im Einklang sein. Hören Sie auf Ihre innere Stimme. Versenken Sie sich in sich selbst, lassen Sie sich fallen in Ihre Mitte. Lassen Sie alle unterdrückten und eingesperrten Gefühle frei – verschenken Sie Liebe, sie wird zu Ihnen zurückkehren. Nehmen Sie sich selbst an. Sie sind ein liebenswerter Mensch, der Freude am Leben hat und dessen Ausstrahlung alles Schöne anzieht.

Aktivierung der Selbstheilungskräfte

Körperliche Beschwerden haben oft einen seelischen Ursprung, der in einer Disharmonie zwischen Körper und Seele gründet. Wir können uns hier nur mit ein paar wenigen Beispielen befassen.

Grundsätzlich sollten Sie sich angewöhnen, sich bei allen Beschwerden zu fragen, woher Ihre Schmerzen, Ihre körperlichen Überlastungen kommen. Befragen Sie Ihr Unterbewusstsein nach der von Ihnen bevorzugten Methode.

Ein Beispiel: „Seit Mittwoch habe ich Magenschmerzen. Kann die Ursache in dem Streit liegen, den ich mit meinen Eltern an diesem Tag hatte?“ Oder: „Ich fühle mich seit einigen Wochen abgespannt und lustlos. Habe ich meine Kräfte überstrapaziert?“

Wenn Sie Ihr Unterbewusstsein auf diese Art befragen, werden Sie herausfinden, was wirklich mit Ihnen los ist. Sie können sich dann eine zu Ihrer Situation passende Suggestion erarbeiten, die Sie möglichst oft anwenden sollten. Selbstverständlich sollten auch die krank machenden Umstände verändert werden. Wenn Ihnen die Beziehung zu Ihren Eltern auf den Magen schlägt, dann ist es höchste Zeit, dies genauer zu analysieren.

Sie können ein Problem am ehesten lösen, wenn Sie in sich ruhen, denn dann können Sie klar denken, Ihre Gefühle zulassen und eine Lösung wird sich herauskristallisieren. Durch den Kontakt zu Ihrem Unterbewusstsein werden Sie eine Möglichkeit finden, ein harmonisches Verhältnis zu Ihren Eltern aufzubauen. Sei das nun über eine klärende Aussprache oder über das innere Loslassen, die Bereitschaft, einen Strich unter die Vergangenheit zu ziehen.

Schlaflosigkeit

Schlafstörungen deuten immer und ausnahmslos auf ungelöste Probleme hin. Deshalb ist es hier notwendig, die Ursache, die verdrängten oder auch bekannten Probleme aufzuarbeiten. Befreit von der Belastung kann ein gesunder Schlaf die notwendige Erholung bringen.

Eine Frau mittleren Alters leidet seit längerer Zeit darunter, nicht einschlafen zu können. Sie liegt fast die ganze Nacht wach und findet keine Ruhe, weil sich ihre Gedanken im Kreise drehen. Es gelingt ihr nicht, diese auszuschalten. Sie hat alles probiert: Schäfchen zählen, Bier oder warme Milch mit Honig vor dem Zubettgehen trinken. Sie hat sich körperlich verausgabt in der Hoffnung, müde in den ersehnten Schlaf zu sinken. Nichts half ihr. Die Frage, wann dieser Zustand zum ersten Mal auftrat, konnte sie nicht beantworten.

Daraufhin wurde mit ihr ein Fragenkatalog erarbeitet, mit dessen Hilfe sie den Beginn und die Gründe für Ihren Zustand erfragen sollte. Da sie keinerlei Anhaltspunkte für ihre Schlaflosigkeit hatte, musste herausgefunden werden, zu welchem Zeitpunkt die Schlafstörung einsetzte, um schließlich zu klären, was sich damals ereignet hatte:

„Wann begannen meine Schlafstörungen?"
„Hatte ich diese Störung in jenem Jahr schon im Januar? Im Februar? Im März?"
Die positive Antwort kam beim Oktober. Die Frau sollte rekonstruieren, was sich im Oktober ereignet hatte. Es war genau der Monat, in dem sie von ihrem Mann, mit dem sie 21 Jahre verheiratet gewesen war, geschieden wurde.

Zu diesem Zeitpunkt wurde für sie Gewissheit, was sie all die Jahre zuvor mit größter Anstrengung zu verdrängen versucht hatte. Ihr Mann war schon längere Zeit mit einer anderen Frau liiert. Sie wehrte sich gegen diese Tatsache, indem sie das Verhältnis ignorierte. Auch verschloss sie sich gegenüber dem Gedanken, dass ihre Ehe sich verändert hatte und zu scheitern drohte. Sie wollte das behalten, was sie hatte, auch um den Preis, dass ihr Mann sie nicht mehr liebte und sie ihn mit einer anderen Frau teilen musste. Sie wollte nicht erkennen, dass das Ende da war, wollte ihren „Besitz" nicht loslassen und geriet dann in völlige Panik, als die Ehe geschieden wurde. Sie hatte Angst vor allem Neuen und wusste nicht, wie sie unter diesen neuen Bedingungen weiterleben sollte.

Nach einer Phase der Problemverarbeitung hat sie sich neu orientiert, einen Beruf erlernt, eine kleine Wohnung gemietet, sich Ziele gesetzt und Unternehmungen geplant und durchgeführt, sodass es ihr heute gut geht. Sie ist finanziell abgesichert, die Arbeit macht ihr Freude und sie hat einen großen Bekanntenkreis.

Manche Menschen wissen genau, warum sie nicht schlafen können, wobei es unwesentlich ist, ob man nicht einschlafen kann, ständig aufwacht oder immer bereits ab vier Uhr morgens wach im Bett liegt. Doch das sind nur Symptome. Die Ursachen liegen immer im seelischen Bereich. Der Eine hat Geldsorgen, der Andere ist durch Stress so belastet, dass er nicht zur Ruhe findet, und dem Dritten ist es entweder zu kalt, zu heiß oder das Bett ist zu hart oder zu weich. Irgendetwas Äußerliches stört. Doch alle diese Gründe sind nur der Vorwand für die wahren Auslöser, die wiederum in jedem selbst zu suchen sind.

Wir müssen also zweigleisig vorgehen:

a) Ruhe in uns selbst schaffen;
b) Lösung der belastenden Probleme, entweder durch konkrete Taten und/oder eine Veränderung der Einstellung zur Situation.

Die Ruhe, die zu einem erholsamen Schlaf nötig ist, können Sie sich erarbeiten, indem Sie sich durch die Selbsthypnose lösen von den „Unruhestiftern". Versenken Sie sich in Ihr Inneres, lassen Sie los von den Gedanken, lassen Sie Harmonie in sich entstehen. Wenn Sie dieses Stadium erreichen, dann werden Sie ruhig schlafen und durch die Kraft, die Sie in einem erholsamen Schlaf sammeln, können Sie Ihr Problem besser meistern.

Stichworte für Ihre Suggestionen bei Schlaflosigkeit
- Loslassen von allen Gedanken.
- Loslassen von allem, was Sie belastet.
- Sich versenken in sich selbst.
- Die eigene Kraft frei fließen lassen.
- Diese Kraft spüren, wie Sie Ihren Körper durchströmt.
- Mit jedem Atemzug Ruhe einatmen.
- Mit jedem Atemzug Belastendes ausatmen.

Visualisierung bei Schlaflosigkeit
Sommerwiese, Meeresrauschen, blauer Himmel mit weißen Wolken.

Falls Sie aufhören wollen, an Ihren Fingernägeln zu kauen oder Ihre Kopfschmerzen aus Ihrem Leben verbannen möchten – das System ist stets dasselbe. Fragen Sie Ihr Unbewusstes nach den Ursachen und arbeiten Sie diese auf. Gerade Kopfschmerzen sind ein weit verbreiteter Ausdruck ungelöster Probleme und dauernder Überlastung. Kopfschmerzen werden von manchen Menschen bereits als unvermeidbar angenommen. Doch auch Kopfschmerzen können aufgelöst werden. Besonders betroffen sind die Kopfmenschen, die meist auch unter großer Anspannung stehen. Spannungskopfschmerzen machen dies sehr deutlich.
Auch hier gilt: loslassen und den Energiefluss im Körper nicht durch Gedanken blockieren.

Stichworte für Ihre Suggestionen bei Kopfschmerzen
- Loslassen.
- Positive Energie durchströmt meinen Körper vom Kopf bis zu den Zehen.
- Gedanken davonfliegen lassen.
- Kopf frei machen.
- Augen öffnen für Neues und Schönes.
- Geschehen lassen im Vertrauen auf die höhere Macht.

Visualisierung bei Kopfschmerzen
Gedanken, die wie weiße Federn davonfliegen – leicht und spielerisch, die Weite der Landschaft.

Umgang mit Ängsten

Das größte Problem unserer Zeit scheint wohl die Angst zu sein. Viele Menschen haben Angst – Angst vor dem Leben, vor dem nächsten Tag. Andere haben konkrete Ängste, vor einer Prüfung etwa oder vor bestimmten Menschen, vor dem Fliegen oder einem Gewitter. Angst ist immer ein Ausdruck von Unsicherheit, von mangelndem Vertrauen zu sich und zu seinen Kräften und Fähigkeiten. Wenn Sie unter Ängsten leiden, dann sollten Sie sich nicht nur mit der Auflösung dieses negativen und zerstörerischen Gefühls befassen. Genauso wichtig ist der Aufbau des Vertrauens zu sich selbst – die Erarbeitung eines gesunden Selbstbewusstseins.

Wenn wir von Angst sprechen, dann sollten wir immer daran denken, dass Angst in gewissen Grenzen durchaus notwendig und natürlich ist. Angst ist ein Urgefühl des Menschen. Wie hätte der Mensch sonst überhaupt überleben können, hätte ihn in manchen Situationen die Angst nicht vor Unheil bewahrt. Es gibt die „gesunde" und die krank machende Angst. Die gesunde Angst kann auch als Instinkt bezeichnet werden und ist ein Gefühl des Unbehagens, das uns in manchen Fällen davor bewahrt, Dinge zu tun, die für uns schädlich sind. Wer nach einem schweren Skiunfall Angst vor dem Skifahren hat, dessen Angst ist begründet. Doch sollte auch diese Art der Angst aufgearbeitet werden, damit sie sich nicht auf andere Bereiche ausbreiten und zum Grundstein für ein Leben in Angst werden kann.

Wiederkehrende Ängste können sich zu einer Phobie oder Neurose entwickeln. Angst ist sogar chemisch messbar durch das Adrenalin, das in Angstsituationen vermehrt ausgeschieden wird. Zu viel Adrenalin wiederum kann zu einer Erhöhung des Blutdrucks mit seinen bekannten schädlichen Folgen führen.

Wenn ein Kleinkind Angst vor der heißen Herdplatte hat, ist das durchaus berechtigt und sinnvoll. Wenn hingegen ein Erwachsener Angst vor einer Krebserkrankung hat und jeden Bericht über diese Krankheit verschlingt, um dann in ständiger Selbstbeobachtung die einen oder anderen scheinbar typischen Merkmale für einen beginnenden Krebs an sich festzustellen, dann bewegt er sich direkt auf die Neurose zu. Wenn er nicht durch seine Angst die gefürchtete Krankheit anziehen will, dann sollte er sofort mit der Auflösung dieser selbstzerstörerischen Energie beginnen.

Je mehr Angst Sie haben, desto schlechter fühlen Sie sich körperlich; Sie bekommen Herzklopfen, zitternde Hände und weiche Knie. Ängste in späteren Lebensabschnitten haben ihren Ursprung oft schon in der Kinderheit, wenn durch eine strenge Erziehung den Bedürfnissen und Gefühlen des kleinen Kindes nicht genügend Rechnung getragen wird.

So wird beispielsweise die weit verbreitete Versagensangst durch ständige negative Äußerungen oft schon sehr früh ins Unterbewusstsein des Kindes „einprogrammiert“: „Das kannst Du nicht, da bist Du noch zu klein/zu dumm.“ Irgendwann glaubt der kleine Mensch daran, dass er dieses und jenes nicht kann. Später traut er sich neue Aufgaben nicht zu, hat weder Kraft noch Mut, nach seinen Wünschen zu leben.

Wie viele wirkliche Talente sind auf diese Art und Weise wohl schon verschüttet worden, bevor sie überhaupt die Chance bekamen, sich zu entwickeln? Die Versagensangst ist auf jeden Fall ein schweres Hemmnis, das die Lebensfreude deutlich schmälern kann.

Angst hat viele Gesichter und nicht nur ängstlich erscheinende Menschen leiden darunter. Auch der Angeber, der sich lautstark seiner Taten brüstet, kann von der Angst geleitet werden. Sie kann nicht durch Tabletten aufgelöst werden, sondern ihre Ursache muss aufgearbeitet werden. Die Selbsthypnose kann Ihnen hier einen Weg in eine Zukunft ohne selbstzerstörerische Angst zeigen.

Sie empfinden die körperliche Ruhe, die sich in einem Entspannungszustand in Ihnen ausbreitet, als äußerst wohltuend. Ihre Suggestionen sollten gezielt Ihre persönlichen Ängste ansprechen und in gewohnter positiver Weise formuliert werden.

Stichworte für Ihre Suggestionen bei Angst
- Loslassen, was Sie einengt.
- Ruhe und Harmonie finden.
- Mit Freude neue Aufgaben annehmen (bei Versagensangst).
- Die schönen Aspekte des Lebens sehen (bei Lebensangst).
- Das Gefühl der Sicherheit und Geborgenheit in sich finden, auf die höhere Macht vertrauen (Angst vor Gewitter).

Visualisierung bei Angst
Sie meistern die beängstigende Situation. Sehen Sie sich beispielsweise, wie Sie einen lieben, großen Hund streicheln (wenn Sie Angst vor Hunden haben), wie Sie gelassen im Kino sitzen (wenn Sie an Angst vor Menschenansammlungen leiden). Schaffen Sie sich Ihr eigenes positives Bild von Ihrer Angst-Situation!

Depressive Verstimmungen

Depressionen werden häufig durch unbewusste Ängste eingeleitet und äußern sich in Lebensunlust, in grundloser Traurigkeit und Antriebsschwäche. Oftmals beginnen sie schleichend. Traurigkeit befällt den Menschen, wenn es dämmrig wird, oder aber er ist lustlos, wenn die Sonne scheint und alle anderen aktiv und voller Lebensfreude sind. Nur er hat keine Freude, zieht sich am liebsten in sein „Schneckenhaus" zurück und fühlt sich zudem noch schuldig, weil er so anders ist als die anderen. So wird der Teufelskreis perfekt. Unverarbeitete Erlebnisse, Verluste und tiefe Kränkungen können in Depressionen übergehen.

Stichworte für Ihre Suggestionen bei depressiven Verstimmungen
- Das Licht sehen, das herausführt aus der Dunkelheit.
- Positive Impulse in sich entdecken.
- Kraft in sich spüren.
- Die schönen Seiten des Lebens sehen.
- Herz und Augen öffnen für die positiven Aspekte.
- Im Hier und Jetzt leben.
- Anderen Menschen Liebe und Freude schenken.
- Neue Wege gehen.

Visualisierung bei depressiven Verstimmungen
Sonnenaufgang, helle, lichte Bilder der Natur, wie blühende Bäume, Frühlingsstimmung, in einem Heißluftballon nach oben schweben.

Schuldgefühle

Wer kennt nicht auch das Gefühl, schuld zu sein, weil er falsch reagiert hat, weil er absichtlich einen lieben Menschen verletzt hat. Schuldgefühle sind – ebenso wie Angst – oftmals berechtigt und sollten dazu anregen, das eigene Verhalten zu überprüfen, Fehler zuzugeben und sich zu entschuldigen. Viele Menschen tendieren aber dazu, sich schuldig zu fühlen, ob sie nun eine Schuld tragen oder nicht. Eine solche Einstellung kann die Lebensfreude und die eigenen Entfaltungsmöglichkeiten ziemlich beeinträchtigen.

Geht es Ihnen auch so? Dann ist natürlich erst einmal zu klären, ob Sie wirklich Fehler gemacht haben. Wenn ja, dann können Sie in Zukunft anders handeln oder zumindest die Fehler eingestehen und sich entschuldigen. Sie können es das nächste Mal besser machen und Sie können gleichzeitig wieder etwas über sich selbst erfahren, indem Sie sich ganz ehrlich fragen, WARUM Sie überhaupt so gehandelt haben.

Doch wie ist das mit Menschen, die sich immer und überall schuldig fühlen? Solche Schuldgefühle können zu Depressionen führen. Prüfen Sie deshalb, ob Sie Ihre Fehler und die der anderen erkennen. Gehen Sie in Gedanken Situationen durch, die in Ihnen Schuldgefühle hervorgerufen haben. Sind das etwa ständig wiederkehrende Momente und sich wiederholende Gedanken und Gefühle? Wenn Sie ständig Streit haben mit Ihrer Schwester, sind Sie dann immer schuld? Oder ruft die schlechte Laune Ihres Vorgesetzten in Ihnen automatisch Schuldgefühle hervor?

Nehmen wir beispielsweise eine Sekretärin, die ihrem Chef bereits am Gesicht ablesen konnte, in welcher Stimmung er sich befand. Bemerkte sie nur im Entferntesten ein Anzeichen von Missmut, prüfte sie sofort alle Arbeiten, die sie in letzter Zeit gemacht hatte, um festzustellen, ob sie der Auslöser der Missstimmung war. Kennen Sie solche Situationen? Dann machen Sie gleich weiter mit der Erarbeitung einer passenden Suggestion.

Stichworte für Ihre Suggestionen bei Schuldgefühlen
- Ich liebe mich und die Menschen, mit denen ich mich umgebe.
- Ich bin verantwortlich für mein Handeln, so wie jeder andere für sein Verhalten verantwortlich ist.
- Ich übernehme die Verantwortung für mein Verhalten.
- Alles, was ich gebe, kommt zu mir zurück.
- Alles, was ich tue, fördert das Positive.
- In mir ist Liebe und Harmonie – ich bin frei.

Visualisierung bei Schuldgefühlen
Wie ein Vogel fliegen Sie frei über die Stadt; in Säcken laden Sie die Schuldgefühle von sich ab und fühlen sich dabei leicht und wunderbar; Sie steigen auf einen Berg und lassen alles hinter sich, sehen nur den Gipfel vor sich, spüren den frischen Wind, die reine Luft und genießen den blauen Himmel.

Umgang mit Stress

Stress wird uns nicht nur von außen aufgebürdet. Stress ist auch ein idealer Fluchtweg, der von allen Menschen anerkannt und manchmal sogar bewundert wird: Denn wer ständig unter Stress steht, der muss ja wohl erfolgreich sein.

Auch hier kommt es auf die richtige Dosierung an. Es gibt den positiven Stress (Eu-Stress), der uns anregt zu Aktivitäten, der uns gesund ermüden lässt, und es gibt den negativen Stress (Dis-Stress), der uns erschöpft. Und es gibt einfach zu viel Stress!

Durch selbst auferlegte, zu knapp bemessene Termine und zu viel Arbeit können wir uns so beschäftigen, dass wir abends todmüde ins Bett sinken. Da bleibt keine Zeit für sich selbst, für Gedanken oder Gespräche, die längst fällig sind, z. B. darüber, warum der Partner so abweisend ist und die Kinder sich immer mehr zurückziehen. Doch eigentlich wollen wir das auch so. Wir wissen nämlich, dass solche Gespräche anstrengend sind, dass möglicherweise unangenehme Punkte zur Sprache kommen, die Konsequenzen zur Folge haben könnten.

Auf diese Weise bleiben die Probleme so lange unbesprochen, bis vielleicht unsere ganze Konstruktion wie ein Kartenhaus zusammenfällt. Aber wir laufen auch vor uns selbst davon. Wer sich keine Zeit für sich selbst nimmt, der kann sich nicht weiterentwickeln, kann Gelerntes nicht umsetzen, kann seine Fähigkeiten auch nicht voll ausschöpfen.

Fortbildungsseminare sind begehrt und die meisten Menschen nehmen sich Zeit für die berufliche Weiterbildung. Doch wie steht es denn mit unserer seelisch-geistigen Entwicklung? Die Zeit, die Sie in sich selbst investieren, ist die beste Investition, die Sie machen können. Entscheiden Sie sich für positiven Stress und für die Entdeckung Ihrer Persönlichkeit.

Lassen Sie Ihre Vergangenheit an sich vorbeiziehen und beachten Sie dabei Ihre Empfindungen. Diese geben Aufschluss über Ihre innere Einstellung zu der jeweiligen Situation. Wiederholen Sie dies mehrmals und notieren Sie dann die Bilder zusammen mit Ihren Gefühlen, die immer wieder aufkommen. Schreiben Sie alles auf und vergleichen Sie Ihre Notizen mit Ihren Träumen, mit Ihren Gedanken und Ideen und dann schauen Sie sich die Bilder Ihres Unterbewusstseins in Bezug auf die Realität an. Stellen Sie noch einmal über Fragen an Ihr Unbewusstes fest, welche Fähigkeiten Sie ausbauen sollten. Jeder Mensch ist mit enormen kreativen Talenten ausgestattet und leider ist ihm meist nur ein Bruchteil davon überhaupt bekannt. Gerade durch Selbsterfahrung und die Möglichkeit, das kreative Potenzial in sich zu entdecken, können sowohl in beruflicher wie auch in privater Hinsicht neue Wege eingeschlagen werden.

Entdecken auch Sie Ihre Fähigkeiten, indem Sie sich Ruhe gönnen und so der Kreativität freien Lauf lassen.

Stichworte für Ihre Suggestionen bei Stress
- Ruhe durchströmt mich.
- Ich entscheide mich für die innere Erfüllung.
- Ich lasse los von den Äußerlichkeiten, besinne mich auf die inneren Werte.
- Ich lasse meine Träume frei.
- Ich erkenne noch schlummernde Fähigkeiten, die ich aktiviere.
- Ich freue mich auf die neuen Wege und Möglichkeiten.
- Ich bin frei und lasse alle Gedanken zu – alles ist möglich!

Visualisierung bei Stress
Sehen Sie sich bei Tätigkeiten, die Sie erfüllen – auch wenn Sie jetzt noch glauben, nicht die Voraussetzungen dafür zu haben. Warum sollten Sie nicht Ihre Bilder in einer Galerie ausstellen oder Ihre Karikaturen in der Zeitung sehen?

Bedenken Sie: Nur Sie selbst setzen sich Grenzen, sonst niemand!

Schön und attraktiv sein

Dieses Kapitel ist nicht nur den Damen gewidmet. Auch der modernde Mann legt Wert auf seine äußere Erscheinung. Wobei wir unter Schönheit Menschen verstehen, die gepflegt sind und durch ihre Ausstrahlung auffallen. Auf den ersten Blick erregen natürlich die makellos Schönen große Aufmerksamkeit, doch auf Dauer wirkt nur die Persönlichkeit.

Unser Ziel ist deshalb, uns anzunehmen mit all den kleinen Schwächen, mit denen wir behaftet sind, und unsere positiven Eigenschaften zu verstärken. Wer sich selbst mag, der wird auffallen, wird Freude am Leben haben, und diese Lebensenergie springt auf die Gesprächspartner über. Schönheit allein ist leer und auf Dauer fad – Ausstrahlung lebt, kommt von innen und erreicht die Umwelt.

Wie eingangs erwähnt, ist alles im Leben eine Frage der Einstellung. Wer seine Vorzüge kennt, kann auch seine weniger guten Partien annehmen. Wo Licht ist, ist auch Schatten. Doch wer den Lichtstrahl vergrößert und ihn in die entsprechenden Bahnen leitet, verkleinert automatisch den Schatten.

Betrachten Sie sich aufmerksam, schauen Sie sich kritisch im Spiegel an und dann machen Sie eine Bestandsaufnahme:

- Was mögen Sie an Ihrem Gesicht?
- Was mögen Sie an Ihrem Körper?
- Was gefällt Ihnen ganz besonders gut an Ihrer äußeren Erscheinung?
- Was würden Sie äußerlich an Ihrem Gesicht verändern, wenn Sie es könnten?
- Und was an Ihrem Körper?
- Was können Sie verändern?
- Wollen Sie es überhaupt verändern?

Überlegen Sie, wie Sie die positiven Dinge durch Frisur, Kleidung etc. betonen und die von Ihnen weniger geliebten „Teile“ kaschieren können. Oft sind es ganz kleine Tricks, die eine erstaunliche Wirkung haben.

Nachdem wir nun die äußeren Voraussetzungen geschaffen haben, wollen wir uns dem wesentlicheren Teil, der veränderten inneren Einstellung zuwenden. Beruhigt können Sie sich jetzt sagen, dass Sie alles tun, um das Bestmögliche aus Ihrem Äußeren zu machen. Sie können loslassen und sich Ihrem Inneren widmen. Sie wissen, dass Sie gut aussehen, dass Sie viele positive Eigenschaften haben. Und Sie wissen vor allem auch, dass Sie ein Mensch sind, der neue Wege sieht und sie auch geht, der sich entwickelt und dessen Entwicklung wiederum äußerlich sichtbar wird. Ihre Gelassenheit entspannt Ihre Gesichtszüge. Sie werden durch die Arbeit an sich immer aktiv sein, das wird Ihr wacher Blick verraten und Ihre positiven Schwingungen fühlbar machen. Beginnen Sie jeden Tag mit einem Kompliment an sich selbst, z. B.: „Ich bin schön, attraktiv und dynamisch."

Stichworte für Ihre Suggestionen für mehr Akzeptanz

- Ich sage „Ja" zu mir.
- Ich nehme mich an.
- Ich erkenne und liebe meine positiven Punkte.
- Ich strahle Schönheit aus.
- Ich bin ein Magnet, der Schönes und Gutes anzieht.
- Ich liebe mich, so wie ich bin.

Visualisierung für mehr Akzeptanz

Sehen Sie sich in Ihrer Wunschvorstellung, z. B. als Mittelpunkt bei einem Fest, oder als Mann, nach dem sich die Frauen umdrehen, oder sehen Sie sich in den Augen anderer wieder und lassen Sie deren Bewunderung auf sich wirken!

Schlank sein

Wir sind heute sehr stark von Werbebotschaften geprägt und die meisten Menschen sind bestrebt, den vorgegebenen Idealen zu entsprechen. Außer der Kleidermode unterliegt auch die Körperfülle diesen Regeln. Einst galt es als erstrebenswert, Rundungen wie

Marilyn Monroe zu haben, dann wiederum war die knabenhafte Twiggy ein Schönheitsideal. Schlank sein ist noch immer gefragt und wird es wohl bleiben. Gewichtsskalen, die das so genannte Idealgewicht aufzeigen sowie zahllose Diäten sind in jeder Frauenzeitschrift zu finden. Für manche Menschen ist der Kampf mit den Pfunden schon zum Lebensinhalt geworden. Ihr Leben wird von der Waage bestimmt. Wer aus diesem Teufelskreis aussteigen will, kann das jederzeit tun. Notwendig dazu sind Gedankenarbeit, Disziplin und Geduld.

Ein Beispiel: Eine gut aussehende Frau in den besten Jahren kämpfte schon seit der Pubertät mit ihrem vermeintlichen Übergewicht. Schon damals fühlte sie sich nicht wohl in ihrer Haut, sie empfand sich als dick, was sie mit hässlich gleichsetzte. In der Tanzstunde hatte sie sehr viel Erfolg bei den jungen Männern. Sie konnte sich das gar nicht erklären, sah sie sich doch als das hässliche Pummelchen. Sie heiratete, bekam zwei Kinder und war, bis auf ihre Figur, mit ihrem Leben zufrieden. Immer wieder versuchte sie die unterschiedlichsten Diäten, jedoch ohne bleibenden Erfolg. Im Lauf der Zeit begann sie dann aus lauter Frust über ihre Misserfolge tatsächlich immer mehr zu essen und erfüllte die Vorstellung, die ihrem Unterbewusstsein schon so lange eingegeben wurde: Nun war sie das Pummelchen; das Ziel war erreicht, die Suggestionen hatten gewirkt!

Mit gezielten Suggestionen konnte sie die Pummelchen-Programmierung jedoch auflösen, ihr Selbstbewusstsein stärken und anfangen, einen Veränderungsprozess einzuleiten, um loszulassen von den krampfhaften Gedanken an ihre Figur.

Auch Sie können sich lösen von den ständigen Gedanken ans Essen, an Diäten und so genannte Idealfiguren. Werden Sie frei, nehmen Sie sich die Freiheit, so zu sein, wie Sie sind.

Finden Sie sich nach einer kritischen Bestandsaufnahme wirklich zu dick, dann ist das kein lebenslanges Problem. Sprechen Sie mit Ihrem Unterbewusstsein, sagen Sie ihm, was Sie wollen. Setzen Sie sich einen Zielpunkt (ein bestimmtes Gewicht oder eine angestrebte Kleidergröße). Stellen Sie sich vor, wie Ihre Waage Ihnen das

Wunschgewicht angibt oder wie Sie in den Anzug Ihrer Wunschgröße schlüpfen.

Stichworte für Ihre Suggestionen für Ihre Wohlfühlfigur
- Ich bin schön und schlank.
- Ich esse so viel, wie ich benötige.
- Ich liebe das Leben.
- Ich nehme meinen Körper an.
- Ich schaffe meine Ideale selbst und setze sie um.

Visualisierung für Ihre Wohlfühlfigur
Sehen Sie sich mit der Idealfigur im Bikini oder in der Badehose oder in einer eleganten Kleidung.

Menschen, die ihre Probleme durch übermäßiges Essen kompensieren, können ihr Übergewicht nur über die Lösung ihres Problems loswerden. Wer im Beruf unzufrieden ist, Liebeskummer hat oder an Existenzängsten leidet, kann zum „Frust-Esser" werden.

Frei sein von Abhängigkeiten

Jede Abhängigkeit, ob Alkohol, Nikotin, Drogen oder „Frust-Essen", hat einen seelischen Auslöser. Beginn einer solchen Abhängigkeit ist oftmals die Flucht vor Problemen. Wer glaubt, ein unlösbares Problem zu haben, mag versuchen, diese seelische Not mit Alkohol zu betäuben. Durch die Wirkung des Alkohols erscheinen die Dinge für den Moment viel einfacher. Wer aus Nervosität nicht ruhig sitzen kann, greift gerne zur „Beruhigungszigarette". Der Drogenkonsum hat vielerlei Ursachen, am Ende steht immer die körperlich-seelische Abhängigkeit.

Auch die Abhängigkeit von Menschen wollen wir nicht auslassen. Es gibt dafür viele Gründe: Angst vor Verlust, vor Einsamkeit; mangelndes Selbstvertrauen; Unsicherheit; Liebe oder das, was dafür gehalten wird; sexuelle Hörigkeit.

Jede Abhängigkeit basiert jedoch auf Schwäche, gepaart mit der Unfähigkeit, sein Leben eigenverantwortlich zu gestalten. Wer süchtig geworden ist, der braucht viel mehr Kraft, sich von dieser Sucht zu lösen, als es notwendig ist, eine Sucht zu vermeiden.

Bei einer Sucht-Behandlung steht immer das Wissen um den Auslöser der Abhängigkeit im Vordergrund, sowie natürlich die Arbeit an diesem Punkt.

Im Gegensatz zu allen anderen Suggestionen basiert die Wirksamkeit der Selbsthypnose in diesem Fall auf einer Negativ-Formulierung. Die Suggestionen verursachen in uns einen Widerwillen gegen das suchtauslösende Genussmittel. Wir stellen uns damit innerlich darauf ein, dass uns beispielsweise das Rauchen nicht guttut. Bei einem Alkoholiker z. B. könnten folgende Suggestionen helfen: „Wenn ich Alkohol sehe, empfinde ich tiefe Abneigung. Ich kann keinen Tropfen Alkohol trinken, ohne Übelkeit zu verspüren."

Stichworte für Ihre Suggestionen bei Abhängigkeiten

- Ich bin frei von jeder Abhängigkeit.
- Ich fühle Übelkeit beim Anblick von Zigaretten.
- Es wird mir übel beim Genuss von Alkohol.
- Ich erkenne, dass Freiheit nur durch mich geschaffen werden kann.
- Ich nehme mein Leben in meine Hände.

Visualisierung bei Abhängigkeiten

Alles, was Sie mit dem Begriff Freiheit verbinden, z. B. auf Deck eines Schiffes, der weite Blick über den Ozean: Wasser und Himmel.

Bei der Abhängigkeit von Drogen ist es fast immer notwendig, einen körperlichen Entzug zu machen. Scheuen Sie sich nicht, die Hilfe eines Fachmannes oder einer Organisation in Anspruch zu nehmen.

Sich öffnen für Liebe und Partnerschaft

Ständige Streitereien mit dem Partner oder das Gefühl, nicht geliebt zu werden, können sich ausdrücken in Aggression, schlechter Laune, Niedergeschlagenheit und Krankheit. Wer sich selbst liebt, wer den anderen annehmen kann, wie er ist, wird Harmonie, Liebe und Ausgeglichenheit ausstrahlen.

Vielleicht werden Sie sich fragen: Warum treffe ich nie den richtigen Partner? Für jeden Menschen gibt es den richtigen Partner, jeder kann eine harmonische Beziehung, Liebe und Glück finden. Allerdings nicht in erster Linie in einem anderen Menschen, sondern zuerst einmal in sich selbst. Kennen Sie jemanden, der sich selbst nicht mag, aber von anderen geliebt wird? Warum haben manche Menschen so viele Freunde und andere gar keine?

Wer sich selbst annimmt und mag, kann sich von innen her öffnen für den anderen. Er ist nicht mehr nur mit sich beschäftigt, braucht nicht den Partner, um sein Ego aufzubauen. Wirklich glückliche Beziehungen finden Sie nur bei Menschen, die ihre Mitte gefunden haben, die frei sind – das ist die Basis für wirkliche Liebe. Ein solches Fundament wird durch Meinungsverschiedenheiten, die immer vorkommen und die für das Gelingen einer Beziehung sogar notwendig sind, nicht belastet.

Auch hierfür gibt es viele Beispiele. Gerade hatte die Letzte ihrer Freundinnen geheiratet: Eine 35-jährige Frau, unfreiwillig Single, fühlte sich minderwertig und ausgestoßen. Es machte ihr keinen Spaß mehr auszugehen. Sie hatte keine Freude mehr am Flirten, denn all ihre Bemühungen der letzten Jahre auf diesem Gebiet hatten Ihr keine feste Beziehung gebracht, nur nach wenigen Wochen beendete Affären. Nie war es der Richtige gewesen! Sie hatte eine genaue Vorstellung von ihrem künftigen Partner und merkte nicht, dass sie durch ihre Fixierung sich selbst im Weg stand.

An diesem Tiefpunkt in ihrem Leben angekommen, befasste sie sich mit ihrem Problem, versuchte aus ihrer verzweifelten Einsamkeit herauszukommen. Es wurde ihr bewusst, dass sie sich durch ihre Einstellung und ihr Verhalten überhaupt keine Chance gab, einen Partner zu finden. Sie beschloss, ihr Leben zu ändern, sich andere Perspektiven zu erarbeiten und sich zuerst einmal auf sich selbst zu besinnen.

Zwei Jahre später war sie eine strahlende Braut. Sie hatte aufgehört zu suchen, hatte mithilfe der Selbsthypnose zu sich selbst gefunden und sich von ihren Selbstzweifeln befreit. Nun konnte sie sich öffnen für andere Menschen. Sie war nicht mehr eingeengt in eine feste Vorstellung von einem Ideal-Partner. So traf sie schließlich ihren Mann. Sie kannte ihn schon eine ganze Weile, als sich die Liebe zwischen den beiden zu entwickeln begann.

Stichworte für Ihre Suggestionen für eine gelingende Partnerschaft
- In mir fühle ich Liebe zu mir und den Menschen, die mir nahestehen.
- Ich liebe mich.
- Ich öffne mein Herz für den idealen Partner.
- Ich nehme den anderen an, so wie er ist.
- Ich bin Frieden und schaffe eine friedliche Atmosphäre.
- Ich liebe meinen Partner und zeige ihm/ihr meine Gefühle.

Visualisierung für eine gelingende Partnerschaft
Zusammen mit einem geliebten Menschen eine schöne Stimmung erleben, z. B. einen Sonnenuntergang. Die Nähe des anderen spüren, ein festliches Essen zu zweit.

Störungen im Sexualleben zeigen immer seelische Störungen an. Unsicherheit, sich dem anderen in körperlicher Hinsicht zu öffnen, eine streng moralische Erziehung und Schuldgefühle können zu körperlichen Blockierungen führen. Dies gilt sowohl für den Mann wie für die Frau, ist jedoch kein Grund zur Verzweiflung. Befragen Sie Ihr Unterbewusstsein, tasten Sie sich zu den wahren Gründen vor und Sie werden das große Glück erfahren können, körperliche Liebe zu genießen.

Lebensfreude

Die Freude daran, den Tag zu erleben in froher Erwartung dessen, was er mit sich bringt, die Freude, die eigene Existenz bewusst zu spüren, und das Bedürfnis, jede Sekunde dieses Lebens mit positiven Inhalten zu füllen, das ist Lebensfreude. Wer Freude am Leben hat, der kann alles schaffen. Wer sich auf seine täglichen Aufgaben freut, erledigt sie gut und schnell.

Begrüßen Sie den Tag, wenn Sie aufwachen, lassen Sie im Geist den Tagesablauf mit all seinen positiven Aspekten an sich vorbeiziehen. Sehen Sie das Positive.

Auch wenn Sie arbeitslos oder krank sind, sollten Sie versuchen, eine positive Betrachtungsweise zu finden: Krankheit sagt etwas aus über Ihre Seele, über Ihre Lebenssituation und sie erlaubt Ihnen eine Pause, in der Sie Veränderungen herbeiführen können. Arbeitslosigkeit gibt Ihnen ebenso Aufschluss über Ihre Situation: Haben Sie überhaupt den richtigen Beruf, suchen Sie in der richtigen Richtung, streben Sie eine Arbeit an, die Ihren Fähigkeiten entspricht?

Schulen Sie Ihren Blick für all die Dinge, die Ihnen Freude machen können. Es gibt davon viel mehr, als Sie glauben. Doch freuen können Sie sich erst, wenn Sie diese Momente auch erkennen. Bevor Sie ins Bett gehen, verabschieden Sie sich von dem Tag, indem Sie noch einmal die schönen Augenblicke in Ihr Gedächtnis rufen. Wenn Sie die positiven Impulse erkennen und in sich wirken lassen, werden Sie die Freude am Leben in sich wachsen fühlen. Ihre positive Kraft wächst mit der Lebensfreude. Probieren Sie es aus!

Stichworte für Ihre Suggestionen für mehr Lebensfreude

- Ich begrüße jeden Tag mit Freude.
- Ich danke für alle schönen Momente, die ich erleben darf.
- Ich freue mich auf jeden Augenblick.
- Ich bin Lebensfreude, positive Energie und Liebe.

Visualisierung für mehr Lebensfreude
Alles, was strahlt, was Freude macht – sei es der Blick vom Berg ins Tal, die glitzernden Lichter einer nächtlichen Stadt, das freundliche Lächeln eines Menschen.

Selbstbewusstsein

Selbstbewusstsein bedeutet, sich seines „Selbst" bewusst zu sein. Jeder kann bei genauer Betrachtung am Gang, an der Körperhaltung, an den Bewegungen sehen, ob jemand selbstbewusst ist. Ein selbstbewusster Mensch kennt sich, er weiß, wer er ist und was er will. Er schöpft die Sicherheit aus sich selbst und braucht dazu weder andere Menschen noch Hilfsmittel wie Geld, einen bekannten Namen oder dergleichen. Und wenn nicht alles gelingt, dann bringt ihn das nicht aus der Fassung. Er kann auf seine Erfahrungen bauen und lebt in dem sicheren Bewusstsein, dass es immer eine positive Lösung gibt.

Selbstbewusstsein geht einher mit Selbstvertrauen, dem Vertrauen auf den großen Freund, das Unterbewusstsein, angeschlossen an das kollektive Bewusstsein, das immer und für alles eine Lösung anbietet und immer einsatzbereit ist. Stärken Sie dieses Vertrauen in sich und vergessen Sie dabei nicht, Ihrem Unterbewusstsein zu danken für die Hilfe und die Kraft, die Sie von ihm erhalten.

Stichworte für Ihre Suggestionen für mehr Selbstbewusstsein
- Ich nehme meine Fähigkeiten an.
- Ich lebe aus meiner schöpferischen Kraft.
- Ich bin mir meiner selbst bewusst.
- Ich kenne meine Talente.
- Ich lebe mein Leben nach meinen Wünschen.
- Ich weiß, was ich will, und ich erreiche mein Ziel.

Visualisierung für mehr Selbstbewusstsein
Am Ziel Ihrer Wünsche – auf dem Berggipfel, als dynamischer, fröhlicher Mensch in einer Runde, als starke Eiche.

Die folgenden Suggestionstexte werden Ihnen helfen, aus den großen Problemen kleine Sorgen zu machen und kleine Sorgen dann aufzulösen. So werden Sie Ihre Wünsche realisieren können, werden Ihr Leben positiv einrichten und die Früchte Ihrer Arbeit ernten können.

Aufbau eines Suggestionstextes

Eine wirkungsvolle Selbsthypnose besteht aus verschiedenen Teilen, die alle einen wichtigen Platz haben und ernst genommen werden müssen.

Die Vorbereitungsphase
Nehmen Sie sich genügend Zeit und versichern Sie sich, dass Sie auf keinen Fall gestört werden. Es ist sehr unangenehm und kann sogar körperliche Schmerzen verursachen, wenn Sie unvorbereitet aus einer Tiefenentspannung aufgeschreckt werden. Machen Sie es sich ganz bequem, entledigen Sie sich störender Kleidung. Wenn es irgendwo zwickt und drückt, kann keine Entspannung erreicht werden. Eine zu tiefe Entspannung kann Sie hingegen direkt in den Schlaf führen.

Die Entspannungsphase
Mit dem Hypnose-Einleitungstext lassen Sie von der Realität des Alltags los, lassen das Hier und Jetzt zurück und bringen Ihr Unterbewusstsein in den Zustand, in dem es den gewünschten Auftrag widerstandslos akzeptiert und für immer speichert. Die wirkungsvollste Art, sein Unterbewusstsein zu überzeugen, erreicht man mit Bildern, denn mit abstrakten Begriffen kann es wenig anfangen. Am

besten wirken Bilder aus der Vergangenheit, als Sie sehr glücklich waren. Zum Beispiel Ferien am Meer oder in den Bergen, Hochzeit, bei der Geburt Ihres Kindes, ein beruflicher oder sportlicher Höhepunkt usw.

Die Suggestionsphase
Ist das Unterbewusstsein einmal ganz offen, können auch Ihre Wünsche und Befehle frei hineinfließen und dort verankert werden. Die Suggestionstexte sind ganz einfach und klar und werden am besten mehrere Male hintereinander wiederholt. Es ist wirkungsvoll, wenn sich jede Wiederholung im Wortlaut leicht verändert.

Die Aufwachphase
Am Ende einer Selbsthypnose ist das Zurückkommen ins Hier und Jetzt sehr wichtig. Zu abruptes Aufwachen kann leicht zu Schwindel und Kopfschmerzen führen. Darum lassen Sie sich Zeit. Zählen Sie rückwärts von 10 bis 0, während Sie bei jeder Zahl wieder etwas aus ihrer realen Empfindungswelt einschalten (10 – alle Schwere geht aus meinem Körper, 9 – meine Arme und Beine sind wieder leicht und beweglich, 8 – ich spüre wieder die Unterlage, auf der ich liege usw.).

Nachklingen lassen
Lassen Sie das wunderbare Erlebnis noch etwas nachklingen. Lassen Sie sich und Ihrem Unterbewusstsein Zeit, sich wieder an das Hier und Jetzt zu gewöhnen.

Selbsthypnose-Einleitungen und Formulierungen

Bei den folgenden Einleitungen gehen wir davon aus, dass Sie die Texte selbst zuvor auf ein Aufnahmemedium gesprochen haben. Sprechen Sie den Text während der Selbsthypnosesitzung selbst, müssen Sie diesen möglicherweise entsprechend abändern und gut lernen, damit sie ihn ohne nachzudenken ins Unterbewusstsein einfließen lassen können.

Selbsthypnose-Einleitung mit Meeresstrand

Ich schließe meine Augen und entspanne mich völlig, Arme und Beine bleiben ganz locker.
Nichts mehr wollen jetzt – ganz entspannt sein.
Ich lausche einfach nur meiner Stimme und lasse meine Stimme auf mich einwirken.
Nichts mehr wollen jetzt – völlig passiv sein.
Einfach treiben lassen, geschehen lassen, wirken lassen.
Ich atme jetzt ganz ruhig und gleichmäßig und bin vollkommen gelöst und entspannt.
Ich fühle mich ganz wohl.
Ich spüre, wie diese wunderbare Ruhe sich in meinem ganzen Körper ausbreitet.
Ich spüre, fühle, empfinde jetzt ganz deutlich, wie meine Beine schwer werden.
Immer schwerer werden meine Beine – immer schwerer – immer schwerer.
Meine Beine sind jetzt ganz schwer, bleiern schwer, ganz bleischwer.
Nun werden auch meine Arme ganz schwer und ziehen ganz stark nach unten.

Immer mehr Schwere fließt in meinc Arme und lässt meine Arme immer schwerer werden – immer schwerer.
Meine Arme sind jetzt ganz schwer, bleiern schwer, ganz bleischwer.
Auch meine Augenlider sind ganz schwer und werden immer schwerer, immer schwerer.
Meine Augen sind fest geschlossen – ich kann die Augen jetzt nicht mehr öffnen – das will ich auch gar nicht.
Ich lasse mich immer tiefer sinken in dieses wunderbare Gefühl der Ruhe und Entspannung.
Nichts kann mich stören.
Ich höre jetzt nur noch meine Stimme und spüre, fühle, empfinde jetzt ganz deutlich, wie ich allmählich tiefer und tiefer sinke – immer tiefer, immer tiefer in eine tiefe, tiefe, wohltuende Ruhe.

Vor meinem inneren Auge entsteht ein Ort aus meiner Vergangenheit, wo ich einmal ganz glücklich war.
Ich befinde mich an einem wunderschönen Strand am Meer.
Ich spüre das warme Meerwasser, das meine Füße umspült.
Ich schlendere hinaus und beobachte, wie die heranrollenden Wellen sich schäumend überschlagen und meine Füße umspülen.
Das Wasser läuft zurück und spült jedes Mal ein bisschen Sand unter meinen Füßen weg.
Ich fühle mich wohl und genieße dieses Gefühl des kühlenden Wassers und des weichen Sandes.
Nun lege ich mich in eine Hängematte, die zwischen zwei hohen Palmen gespannt ist.
Ich schaue nach oben und sehe, wie die Blätter der Palme sich majestätisch im Winde hin- und herbewegen.
Über mir die goldene Sonne – mit ihren wärmenden Strahlen.
Ich spüre deutlich die erfrischende Brise auf meiner Haut und ich fühle mich wohl und glücklich.

Ich lasse mich immer tiefer und tiefer sinken – immer tiefer.

In diesem wunderbaren Ruhezustand öffnet sich jetzt ganz weit das Tor zu meinem Unterbewusstsein – ganz weit öffnet sich jetzt das Tor zu meinem Unterbewusstsein, und alles, was ich mir sage, dringt ganz leicht und tief in mein Unterbewusstsein, prägt sich dort unauslöschlich ein und ich werde unwiderstehlich danach handeln.

Nun folgt Ihre individuelle Suggestion.

Selbsthypnose-Einleitung in der Natur

Ich lege mich ganz bequem hin.
Ich schließe meine Augen und lasse Arme und Beine ganz locker fallen.
Nichts mehr wollen jetzt – ganz passiv sein.
Ich spüre nun eine angenehme Müdigkeit, die sich in meinem ganzen Körper ausbreitet.
Ich gebe mich ganz dieser angenehmen Müdigkeit hin.
Arme und Beine werden schwer – alles versinkt ganz weit weg.
Müde wird der Körper – immer müder – immer müder.
Die Gedanken lösen sich auf – ich lasse mich treiben, in einer wohltuenden Ruhe, die mit jedem Atemzug tiefer und tiefer wird.
Dabei höre ich ganz deutlich meine Stimme.
Mit jedem Atemzug lasse ich mich tiefer und tiefer sinken und höre nur noch auf meine Stimme.
Jetzt konzentriere ich mich auf meine Beine.
Ich spüre, fühle, empfinde jetzt ganz deutlich, wie meine Beine schwer werden.
Immer schwerer werden meine Beine – immer schwerer – immer schwerer.
Nun werden auch meine Arme ganz schwer.
Immer mehr Schwere fließt in meine Arme und lässt meine Arme immer schwerer werden – immer schwerer – immer schwerer.
Meine Arme und Beine sind jetzt ganz schwer, bleiern schwer, ganz bleischwer.
Auch meine Augenlider sind ganz schwer.
Meine Augen sind fest geschlossen.

Ich kann die Augen jetzt nicht mehr öffnen – das will ich auch gar nicht.
Ich lasse mich immer tiefer sinken in dieses wunderbare Gefühl der Müdigkeit und Schwere.
Ich werde immer müder – ich werde immer müder – immer müder.

In diesem Zustand öffnet sich das Bild einer wunderschönen Berglandschaft, um mich herum erheben sich schneebedeckte Berggipfel. Ich stehe auf einer herrlichen Wiese mit vielen bunten Blumen – ich lege mich gemütlich hin und beobachte die herrliche Natur. Ich lausche dem Summen der Bienen und höre die Vögel zwitschern in den Bäumen. Ich beobachte das Vorbeiziehen der Wolken. Wolken, die sich auflösen, und Wolken, die sich bilden.

Pause

Nichts kann stören – ich höre jetzt nur noch auf meine Stimme und lasse meine Stimme auf mich einwirken.

Ich spüre, fühle, empfinde jetzt ganz deutlich, wie ich allmählich noch tiefer sinke – immer tiefer – in eine tiefe, tiefe, wohltuende Ruhe.

In diesem wunderbaren Ruhezustand öffnet sich ganz weit das Tor zu meinem Unterbewusstsein – ganz weit öffnet sich jetzt das Tor zu meinem Unterbewusstsein und alles, was ich mir sage, dringt ganz leicht und tief in mein Unterbewusstsein, prägt sich dort unauslöschlich ein, und ich werde immer danach handeln.
Ich kann und will nicht anders. Ich werde alles ganz strikt befolgen.

Nun folgt Ihre individuelle Suggestion.

Selbsthypnose-Einleitung nach Konditionierung

Ich liege ganz ruhig und entspannt.
Ich werde gleich das Auslösewort sprechen, und ich versinke dann wieder in den angenehmen Zustand der Hypnose.
Wenn ich gleich das Auslösewort spreche, spüre ich den unwiderstehlichen Drang, die Augen zu schließen, und ich versinke dann sofort wieder ganz tief in diesen angenehmen Zustand der Ruhe und Entspannung.
Ich spreche jetzt das Auslösewort:
Ki-Ai Ki-Ai Ki-Ai.
Meine Augen sind fest und ruhig geschlossen, und ich gleite nun immer tiefer und tiefer in diesen angenehmen hypnotischen Ruhezustand.
Ich höre nur noch auf meine Stimme, alles andere ist ganz unwichtig.
Meine Ruhe ist nun ganz tief und fest, und alles, was ich sage, dringt ganz tief in mein Unterbewusstsein, prägt sich dort unauslöschlich ein und wird Teil meiner Persönlichkeit.

Nun folgt Ihre individuelle Suggestion.

Selbsthypnose-Einleitung mit Bein-Test und Sicherung

Ich bin jetzt ganz gelassen und gelöst und werde gleich in einen tiefen Ruhezustand fallen.
Die Muskelentspannung nehme ich als ein Schweregefühl wahr.

Ich spüre die Entspannung ganz deutlich als ein Prickeln von meinen Schultern ausgehen.
Es zieht über die Oberarme, die Unterarme, bis in die Hände und die Finger.
Daraufhin sind jetzt beide Arme schlaff, entspannt und angenehm schwer.
Meine Müdigkeit nimmt zu – ich merke, wie ich mit jedem Atemzug tiefer versinke.
Ich schließe mich ganz meiner Stimme an, alles andere ist gleichgültig.
Geräusche und andere Einflüsse von außen sind nur Kulisse, die meine Versenkung unterstreichen.
Meine Gedanken ziehen wie Wolken vorbei, ohne mich jetzt zu beschäftigen.
Ich höre nur auf meine Stimme, denn ich bin nur an der Vertiefung dieses wunderbaren Entspannungszustandes interessiert.
Ich lasse mich völlig gehen, ich will nichts, ich bin passiv.
Ich konzentriere mich nun auf meine Hüften.
Ich spüre ganz deutlich, wie sich von hier aus jetzt auch die Muskelentspannung in meinen Beinen vollzieht.
Das Prickelgefühl zieht über die Oberschenkel in die Unterschenkel, dann in die Füße und Zehen.
Daraufhin sind jetzt auch meine Beine ganz schlaff, entspannt und angenehm schwer, so schwer, dass sie richtig auf die Unterlage drücken.
Arme und Beine sind jetzt dermaßen entspannt, dass ich die rechten Gliedmaße nicht mehr von den linken unterscheiden kann.
Beide Arme scheinen ineinander überzugehen, beide Beine scheinen eine Einheit zu bilden.
Ich versuche, nur das rechte Bein zu heben, ohne es im Knie abzuwinkeln.
Ich versuche es, aber es geht nicht.
Je mehr ich es versuche, desto weniger gelingt es mir.
Ich kann mein Bein jetzt nicht mehr heben.
Ich kann mich nicht mehr rühren.
Währenddessen versinke ich mit jedem Atemzug immer tiefer in Hypnose.
Auch Brustkorb und Bauchraum werden ganz schwer.
Der Kopf ist schwer.

Rumpf und Kopf sind angenehm schwer und entspannt.
Mein Kopf ist schwer und leer.
Meine Gedanken sind zur Ruhe gegangen.
Ich empfange in meinem Kopf nur noch meine Stimme.
Meine Lider sind so schwer, dass ich die Augen jetzt nicht mehr öffnen kann.
Und nun ist die Hypnose so tief geworden, dass sich das Tor zu meinem Unterbewusstsein öffnet.
Alles, was ich jetzt sage, schlägt in meinem Unterbewusstsein Wurzeln.
Jedes meiner Worte ist ein Samenkorn, das in meinem Unterbewusstsein aufgeht und sich verwirklicht.

Nun folgt Ihre individuelle Suggestion.

Selbsthypnose-Einleitung mit Suggestion für Müdigkeit und Schlaf

Ich mache es mir bequem, Arme und Beine sind lang ausgestreckt.
Kopf, Nacken, Beine, Arme und der Rumpf sind vollkommen gelöst und locker.
Ich muss mich noch mehr entspannen, noch mehr.
Alle Unruhe weicht aus meinem Körper.
Ich fühle mich wohl, sehr wohl.
Alles um mich herum versinkt.
Ich bin ganz passiv und will nichts mehr.
Geist und Körper sind völlig entspannt.
Ich lasse mich gehen, ich gleite in die innere Tiefe.
Meine Arme und Beine werden nun schwer, immer schwerer und schwerer.
Auch mein Kopf und mein Körper werden schwer, und meine Augenlider werden schwerer und schwerer.

Eine vollkommene Ruhe kommt über mich, und ich fühle eine wohltuende Müdigkeit in mir aufsteigen, der ich nachgebe, und ich werde immer gelöster.
Nun werden meine Augenlider so schwer, dass ich diese schließen möchte.
Ich lasse sie herunterfallen.
Ich strenge mich nicht an, sie zu öffnen, denn diese Entspanntheit lässt mich das Wohlbefinden erreichen, das ich mir wünsche.
Ich sinke immer tiefer und tiefer.
Ich habe den Wunsch zu schlafen und lasse mich nun ganz gehen und treiben.
Ich werde immer schläfriger und schläfriger.
Ich höre nur noch meine Stimme, achte aber nicht mehr darauf.
Die Umwelt versinkt immer mehr und mehr.
Geräusche können mich nicht mehr stören.
Mein Unterbewusstsein wird sich nun immer mehr und mehr öffnen.
Mit jedem Atemzug sinke ich immer tiefer und tiefer in Hypnose, immer tiefer und tiefer sinke ich mit jedem Atemzug.
Ich lasse nur noch meine Stimme auf mich wirken.
Ich höre sonst nichts mehr.
Ich spüre, fühle und empfinde ganz deutlich die wohltuende Müdigkeit, die mich umgibt.
Ich öffne mich jetzt ganz für meine Suggestionen, und jedes Wort geht wie ein Samenkorn in meinem Unterbewusstsein auf und wird Teil meiner Persönlichkeit.

Nun folgt Ihre individuelle Suggestion.

Selbsthypnose-Einleitung ohne Schweregefühl

Bei einigen Menschen kann es vorkommen, dass die Schweresuggestionen ein Unbehagen und sogar Kopfschmerzen verursachen. In diesem Fall ist es angebracht, die Suggestionen des Schweregefühls wegzulassen. An der Wirkung ändert sich praktisch nichts.

Ich lege mich ganz entspannt hin.
Ich schließe die Augen und entspanne mich völlig.
Arme und Beine lasse ich ganz locker.
Nichts mehr wollen jetzt – ganz entspannt sein.
Ich lausche einfach nur meiner Stimme und lasse meine Stimme auf mich einwirken.
Nichts mehr wollen jetzt – völlig passiv sein.
Einfach treiben lassen, geschehen lassen, wirken lassen.
Ich atme jetzt ganz ruhig und gleichmäßig und bin vollkommen gelöst und entspannt.
Ich fühle mich ganz wohl.
Ich spüre, wie eine wunderbare Ruhe sich in meinem ganzen Körper ausbreitet.
Dieses angenehme Gefühl der Ruhe breitet sich immer weiter in meinem Körper aus.
Meine Muskeln sind locker – meine Nerven völlig entspannt.
Ich spüre, wie ich immer ruhiger werde – immer ruhiger.
Ich spüre eine angenehme Müdigkeit, die sich immer weiter in meinem Körper ausbreitet.
Ich lasse mich immer tiefer sinken in dieses angenehme Gefühl der Ruhe und Müdigkeit.
Ich werde immer müder – immer müder – immer müder, mit jedem Atemzug immer müder.
Mein ganzer Körper wird immer müder – immer müder.
Ich gebe mich ganz diesem wohligen Gefühl der Müdigkeit hin.
Die Müdigkeit drückt meine Augenlider fest zu.
Die Augen sind fest geschlossen.

Nichts kann stören.
Ich höre jetzt nur noch auf meine Stimme und folge meiner Stimme völlig passiv – ganz gelöst und entspannt.
Ich spüre, fühle, empfinde jetzt ganz deutlich, wie ich allmählich tiefer und tiefer sinke – immer tiefer, immer tiefer in eine tiefe, tiefe, wohltuende Ruhe.
Ich fühle mich ganz wohl und lasse mich immer tiefer sinken - immer tiefer.
Meine Ruhe ist nun ganz tief und fest.
Alles, was ich sage, dringt ganz tief in mein Unterbewusstsein und prägt sich dort unauslöschlich ein, und ich werde ganz strikt danach handeln.

Nun folgt Ihre individuelle Suggestion.

Selbsthypnose-Einleitung mit Zahlenvertiefung

Ich lege mich ganz entspannt hin.
Ich schließe die Augen und entspanne mich völlig – Arme und Beine lasse ich ganz locker.
Nichts mehr wollen jetzt – ganz entspannt sein.
Ich lausche einfach nur meiner Stimme und lasse meine Stimme auf mich einwirken.
Nichts mehr wollen jetzt – völlig passiv sein.
Einfach treiben lassen, geschehen lassen, wirken lassen.
Ich atme jetzt ganz ruhig und gleichmäßig und bin vollkommen gelöst und entspannt.
Ich fühle mich ganz wohl.
Ich spüre, wie eine wunderbare Ruhe sich in meinem ganzen Körper ausbreitet.
Und nun konzentriere ich mich auf meine Beine, einfach nur auf meine Beine konzentrieren, und ich spüre, fühle, empfinde jetzt

ganz deutlich, wie meine Beine schwer werden, immer schwerer werden meine Beine – immer schwerer – immer schwerer.
Meine Beine sind jetzt ganz schwer, bleiern schwer, ganz bleischwer.
Nun werden auch meine Arme ganz schwer und ziehen ganz stark nach unten.
Immer mehr Schwere fließt in meine Arme und lässt meine Arme immer schwerer werden, immer schwerer.
Meine Arme sind jetzt ganz schwer, bleiern schwer, ganz bleischwer.
Arme und Beine – der ganze Körper ist jetzt ganz schwer, bleiern schwer, ganz bleischwer.
Auch meine Augenlider sind ganz schwer und werden immer schwerer, immer schwerer.
Die Augen sind fest geschlossen – ich kann die Augen jetzt nicht mehr öffnen, aber das will ich auch gar nicht. Ich lasse mich immer tiefer sinken in dieses wunderbare Gefühl der Ruhe und Entspannung, der Schwere und der Müdigkeit.
Ich werde immer müder und müder.
Mit jedem Atemzug immer müder.
Nichts kann stören.
Ich höre jetzt nur noch auf meine Stimme und ich zähle jetzt in Gedanken rückwärts von zehn bis eins, und mit jeder Zahl werde ich immer noch tiefer in diesen hypnotischen Entspannungszustand sinken – immer tiefer.
Von Zahl zu Zahl sinke ich immer noch tiefer in diesen angenehmen Zustand.
Ich lasse mich jetzt vollkommen los und zähle in Gedanken:
10 – tief,
9 – immer tiefer (immer müder),
8 – mein Körper entspannt sich immer mehr, und ich sinke immer tiefer;
7 – immer tiefer (und immer müder),
6 – tiefer und tiefer (müder und müder),
5 – einfach loslassen, sinken lassen,
4 – ich fühle mich ganz wohl und lasse mich immer noch tiefer sinken,
3 – immer tiefer (und immer müder), immer tiefer – nichts kann stören,
2 – ich sinke immer noch tiefer – (eine tiefe Müdigkeit deckt mich zu und hüllt mich ein),

1 – meine Ruhe ist nun ganz tief und fest.

In diesem wunderbaren Ruhezustand öffnet sich jetzt ganz weit das Tor zu meinem Unterbewusstsein – ganz weit öffnet sich jetzt das Tor zu meinem Unterbewusstsein, und alles, was ich sage, dringt ganz leicht und tief in mein Unterbewusstsein, prägt sich dort unauslöschlich ein, und ich werde ganz strikt danach handeln.

Nun folgt Ihre individuelle Suggestion.

Vertiefungstechnik zur Selbsthypnose

Stellen Sie sich vor, dass Sie sich im 10. Stock eines Hochhauses befinden und langsam von Stockwerk zu Stockwerk auf einer Rolltreppe bis zum ersten Stock hinunterfahren.
Versuchen Sie, sich dieses Bild so eindringlich wie nur möglich vor Augen zu führen.
Sehen Sie die Rolltreppe vor sich mit dem Geländer an beiden Seiten, wie sie sich langsam nach unten bewegt, mit allen Details.
Während des Hinunterfahrens von Stockwerk zu Stockwerk wird Ihr Körper schwerer und schwerer werden, entspannter und entspannter.
Vom ersten Stock bis zum Erdgeschoss müssen Sie die Treppe hinunterlaufen, da die Rolltreppe nicht weiter hinabführt.
Auf diesem letzten Stück wird Ihr Körper noch schwerer und entspannter.
Im Erdgeschoss angelangt, sehen Sie ein einladend wirkendes Sofa. Müden und schweren Schrittes, kaum noch in der Lage sich aufrecht zu halten, bewegen Sie sich auf das Sofa zu, lassen sich in die weichen Polster hineinfallen und befinden sich unmittelbar darauf in dem tiefsten bisher erlebten hypnotischen Entspannungszustand.

Während des Hinunterfahrens bzw. -laufens beginnen Sie langsam von zehn bis null rückwärts zu zählen, wobei null gleichbedeutend mit Erdgeschoss ist:

10 – Ich befinde mich im 10. Stock eines Hochhauses und fahre nun auf der Rolltreppe zum 9. Stock. Tiefer geht es, immer tiefer.

9 – Ich bin jetzt im 9. Stock. Mein Körper entspannt sich von Kopf bis Fuß immer mehr, immer mehr, je tiefer ich hinunterfahre.

8 – Ich bin jetzt im 8. Stock, meine Entspannung nimmt zu, immer mehr zu, immer mehr zu.

7 – Ich bin jetzt im 7. Stock. Mein Körper wird schwerer und schwerer, immer schwerer und schwerer.

6 – Meine Entspannung nimmt zusehends vom Kopf bis zu den Fußspitzen immer mehr zu, immer mehr zu.

5 – Meine Augen sind bleiern schwer, bleiern schwer, vollkommen entspannt, vollkommen entspannt, fest geschlossen, fest geschlossen.

4 – Entspannung und Ruhe sind ganz tief, ganz tief, ganz tief.

3 – Körper tief entspannt, tief entspannt, tief entspannt (gedehnt sprechen).

2 – Die Entspannung und Ruhe im ganzen Körper – noch tiefer, noch tiefer, noch tiefer.

1 – Tiefe Entspannung und Ruhe durchströmen jetzt meinen ganzen Körper, durchströmen jetzt meinen ganzen Körper, durchströmen jetzt meinen ganzen Körper.
Nun steige ich Stufe für Stufe zum Erdgeschoss hinunter.
Meine müden und schweren Beine vermögen kaum noch das Gewicht meines schweren und entspannten Körpers zu tragen.

0 – Jetzt bin ich tief im Erdgeschoss angelangt.

Mein ganzer Körper vom Kopf bis zu den Füßen ist durchdrungen von tiefer Ruhe und tiefer Entspannung.
Mein Körper ist aus- und angefüllt von noch nie erlebter unendlich tiefer Ruhe und Entspannung.
Müde und schweren Schrittes bewege ich mich zu dem dort stehenden Sofa.
Jetzt liege ich auf dem Sofa.
Ich bin vollkommen gelöst.
Mein Körper ist in tiefster Entspannung.
Du, mein Unterbewusstsein, bist nun in höchster Konzentration auf meine Anweisungen, die ich dir gleich erteilen werde und die du bedingungs- und rückhaltlos erfüllen wirst.
Es ist ganz selbstverständlich, du kannst nicht anders.

Nun folgt Ihre individuelle Suggestion.

Passive Entspannungsbehandlung zur Lösung muskulärer Verspannungen

Ich lege mich ganz entspannt hin.
Ich schließe die Augen und entspanne mich völlig.
Arme und Beine lasse ich ganz locker.
Nichts mehr wollen jetzt – ganz entspannt sein.
Ich lausche einfach nur meiner Stimme und lasse meine Stimme auf mich einwirken.
Nichts mehr wollen jetzt – völlig passiv sein.
Einfach treiben lassen, geschehen lassen, wirken lassen.
Ich atme jetzt ganz ruhig und gleichmäßig und bin vollkommen gelöst und entspannt.
Ich fühle mich ganz wohl.
Ich spüre, wie diese wunderbare Ruhe sich in meinem ganzen Körper ausbreitet.
Dieses angenehme Gefühl der Ruhe breitet sich immer weiter in meinem Körper aus.

Meine Muskeln sind locker – meine Nerven ganz entspannt. Nichts kann mich stören.
Ich konzentriere mich jetzt nur noch auf meine Stimme – und auf meine Beine.
Ich konzentriere mich jetzt auf meine Beine und spüre, fühle, empfinde jetzt ganz deutlich, wie meine Beine schwer werden.
Immer schwerer werden meine Beine – immer schwerer, immer schwerer.
Meine Beine sind jetzt ganz schwer, bleiern schwer, ganz bleischwer.
Nun werden auch meine Arme ganz schwer und ziehen ganz stark nach unten.
Immer mehr Schwere fließt in meine Arme und lässt meine Arme immer schwerer werden, immer schwerer.
Ihre Arme sind jetzt ganz schwer, bleiern schwer, ganz bleischwer.

(Nun sprechen Sie Ihre lokale Verspannung an, z. B. die Muskeln Ihrer Wirbelsäule.)

Mein ganzer Körper wird immer schwerer.
Mit jedem Atemzug immer schwerer, angenehm schwer.
Ich fühle mich ganz wohl.
Ich bin vollkommen ruhig und entspannt.
Durch diese vertiefte Entspannung weiten sich jetzt die Blutgefäße in meinem Körper.
In der Hals- und Schultergegend entspannen sich die Muskeln rings um die Blutgefäße, und es entsteht ein Gefühl der Erweiterung und Erleichterung.
Ein angenehmes Gefühl.
Brust, Schulter, Rücken und Hals sind angenehm warm.
Ganz warm durchströmt es Brust, Schultern, Rücken und den Hals.
Wunderbar warm.
Die Muskeln sind ganz entspannt – ganz ruhig – ein angenehmes Gefühl.
Die Muskeln, besonders meine Hals- und Schultermuskulatur, bleiben ganz ruhig und entspannt.
Mit jedem Mal, wenn ich über diese Kassette meinen Körper, meine Hals- und Schultermuskulatur entspanne, verstärkt sich diese Entspannung noch mehr.

Immer länger hält diese Ruhe und Entspannung darüber hinaus an, bis ich von meinen Beschwerden vollkommen befreit bin. Ich atme ganz ruhig und gleichmäßig.
Eine wunderbare Kraft und Ruhe strömt dadurch unaufhörlich, mit jedem Atemzug, in meinen gesamten Körper, und ich bleibe dadurch in Zukunft ganz ruhig und entspannt.

Formulierungen für eine Leer- oder Ruhehypnose

Nach Einleitung der Selbsthypnose:
Ich bleibe nun eine Zeit lang in diesem angenehmen Zustand der Hypnose – in diesem vertieften Ruhezustand – liegen, bis ich meine Stimme wieder zu mir sprechen höre.
Die Augen bleiben fest geschlossen.
Nichts kann mich stören.
Jedes Geräusch von außen, jeder Lärm an meinem Ohr verstärkt diese wohltuende Entspannung, die sich über meinen ganzen Körper ausbreitet.
In dieser Zeit vertieft und festigt sich die Hypnose, während sich mein Körper gleichzeitig erholt und mit neuer Kraft füllt.
Ich fühle mich ganz wohl.
Nichts kann stören.
Ich bleibe ruhig liegen, bis ich die Selbsthypnose fortsetze und ich meine Stimme wieder zu mir sprechen höre.

Formulierungen zur Selbstanalyse

Ich werde nun einige Minuten nicht sprechen.
In dieser Zeit sehe ich ganz deutlich vor meinem geistigen Auge die Ursache meiner Schwierigkeiten.
Mein Unterbewusstsein öffnet sich und ich erkenne ganz deutlich die Ursache meiner Probleme.
Wie Blasen steigen die Bilder aus meinem Unterbewusstsein an die Oberfläche.
Die Bilder vor meinem geistigen Auge werden immer klarer – immer deutlicher.
Ich kann nun die Ursache meiner Schwierigkeiten ganz klar erkennen.

Ich setze jetzt die Selbsthypnose fort.
In meinem Zustand wohliger Entspannung höre ich mich deutlich zu mir sprechen.
Meine Stimme verbindet mich mit der Umwelt.

(Selbsthypnose einleiten oder weiterführen.)

Beispiel: In der Zeit der vertieften Ruhe hat sich mein Körper seelisch und körperlich mit neuer Kraft gefüllt.
Oder: Alles, was ich jetzt sage, dringt ganz tief und fest in mein Unterbewusstsein und prägt sich dort unauslöschlich ein.
Oder: Ich habe deutlich die Ursache meiner Schwierigkeiten erkannt und mein Unbewusstes ist bereit, mir diese Ursache mitzuteilen.

Formulierung bei Rapportverlust

Ich bin ganz ruhig, ich atme ruhig und gleichmäßig und lasse mich immer tiefer in einen angenehmen Zustand der Ruhe und Entspannung sinken.
Immer tiefer sinke ich – immer tiefer.
Ich fühle mich ganz wohl.
Sie war einen Augenblick unkonzentriert, aber ich kann meine Stimme ganz deutlich hören.
Alles, was ich sage, kann ich ganz deutlich hören. Ich konzentriere mich jetzt wieder auf meine Stimme, damit ich nun den hypnotischen Zustand beenden kann.
Ich lasse mich durch nichts ablenken und konzentriere mich nur noch auf meine Stimme.
Nichts sonst ist wichtig.
Ich höre jetzt nur noch auf meine Stimme.

Formulierungen zur Rückkehr ins HIER und JETZT

Bei der Rücknahme der Hypnose ist sehr vorsichtig vorzugehen. Einerseits will man ja frisch und gestärkt wieder in den Alltag treten. Andererseits kann eine zu abrupte Rücknahme Kopfschmerzen und Übelkeit verursachen. Sie werden schnell herausfinden, wie viel Zeit Sie dazu brauchen, und sich leicht darauf einstellen.

Erstes Beispiel

Ich empfinde noch einmal diese wunderbare Entspannung, die meinen ganzen Körper erfüllt.
Tiefe Freude über mein Wohlbefinden durchströmt mich von Kopf bis Fuß.
Ich empfinde diese angenehme Entspannung von Tag zu Tag mehr.
In diesem wunderbaren Ruhezustand hat sich jede Zelle meines Körpers mit frischer Kraft gefüllt und ich fühle mich ganz wohl.
Gleich werde ich bis drei zählen, dann sind meine Arme und Beine wieder ganz locker, leicht und frei beweglich – ich öffne die Augen und fühle mich ganz frisch und wohl.
1 – 2 – 3.
Augen auf!
Ich fühle mich ganz frisch und wohl.
Arme und Beine sind wieder ganz locker, leicht und frei beweglich – ich bin voller Kraft und Energie und fühle mich ganz frisch und wohl.
Ich fühle mich ganz frisch und wohl.

Zweites Beispiel

Ich bin ganz ruhig und fühle mich wohl.
Jede weitere Selbsthypnose wird sich noch schneller verwirklichen und mich in noch tiefere Tiefen der Versenkung führen.

Die Beine sind frei beweglich und unterliegen wieder ganz meinem Willen.
Bei drei entweicht das Schweregefühl aus meiner Brust.
Bei vier entweicht das Schweregefühl aus meinem Bauchraum.
Bei fünf entweicht das Schweregefühl aus meinem Kopf und meine eigenen Gedanken kehren zurück.
Bei 6 entweicht das Schweregefühl von meinen Augenlidern.
Ich kann meine Augen wieder ganz leicht öffnen und fühle mich frisch, munter und vital.
Anmerkung: Durch die muskuläre Entspannung drehen sich die Beine bei einem auf dem Rücken liegenden Menschen nach außen. Ein Anheben des nach außen gedrehten Beines ist fast unmöglich,

weil die Kraft für das Hochheben in der Oberschenkelmuskulatur dafür zu schwach ist.

Drittes Beispiel

Und nun werde ich mich wieder aufwecken.
Mein hypnotischer Schlaf wird leichter und leichter.
Ich fühle mich frisch und wohl.
Die Schwere und Müdigkeit sind aus meinem Körper gewichen.
Gleich zähle ich bis drei, dann sind meine Arme und Beine wieder ganz leicht und locker, frei und beweglich.
Auch mein Kopf ist ganz klar und frei.
1 – 2 – 3 – Augen auf!
Ich fühle mich ganz frisch, frei und gut gelaunt.
Arme und Beine sind wieder ganz leicht und locker, frei und beweglich.
Ich bin voller Kraft und Energie und fühle mich ganz frisch und wohl.
Ich spüre noch einmal diese wunderbare Ruhe.
In diesem wunderbaren Ruhezustand hat sich jedes meiner Worte ganz tief und fest in mein Unterbewusstsein eingeprägt.

Viertes Beispiel

Jede Zelle meines Körpers hat sich mit frischer Kraft gefüllt, und ich fühle mich ganz wohl.
Gleich werde ich bis drei zählen, dann sind meine Arme und Beine wieder leicht und frei beweglich – ich öffne die Augen und fühle mich ganz frisch und wohl. Ich zähle jetzt gleich bis fünf; bei fünf, aber erst bei fünf, öffne ich die Augen und fühle mich ganz frisch und wohl.
1 – Die Beine werden wieder leicht und frei. Die Beine sind wunderbar leicht und frei, alle Schwere verfliegt.
2 – Die Arme werden wieder leicht und frei – leicht und frei.
3 – Die Arme und Beine sind wunderbar leicht und frei.
4 – Der ganze Körper ist leicht und frei. Alle Verspannungen sind gelöst.

Ich öffne gleich wieder meine Augen und fühle mich ganz frisch und froh.
5 – Augen auf – ganz froh – ich fühle mich froh und frisch.

Fünftes Beispiel
Ich spüre, wie eine wunderbare Frische durch meinen Körper zieht.
Arme und Beine werden wieder ganz locker.
Ich bin voller Kraft und Energie und fühle mich ganz wohl. Gleich werde ich bis drei zählen, dann öffne ich die Augen und fühle mich ganz frisch und wohl.
1 – 2 – 3 – Augen auf!
Arme strecken – ich bin hellwach und fühle mich ganz wohl.

Sechstes Beispiel

Tiefe Freude über mein Wohlbefinden durchströmt mich von Kopf bis Fuß.
Ich empfinde noch einmal diese Entspannung, die meinen ganzen Körper ausfüllt.
In dieser wunderbaren Ruhe hat sich jede Zelle meines Körpers mit neuer Kraft und Energie gefüllt, und ich fühle mich ganz wohl.
Gleich werde ich bis drei zählen.
Dann öffne ich wieder meine Augen, bin voller Kraft und Energie und fühle mich ganz frisch und wohl.
1 – 2 – 3.
Meine Arme und Beine sind jetzt wieder ganz locker, leicht und frei beweglich, und ich fühle mich ganz frisch und wohl. Ich fühle mich ganz frisch und wohl.

Selbsthypnose-Suggestionen

Die folgenden Suggestionen und Formeln sind alphabetisch geordnet nach Indikationen für die Selbstbehandlung. Als Erstes geben wir Ihnen einen Überblick bezüglich der Themen, um Ihnen anschließend die entsprechenden Suggestionen für Ihre Selbsthypnose vorzustellen:

- Alkoholentwöhnung
- Allergie, Ekzeme und Hautunreinheiten (Heuschnupfen – Warzen – Hautunreinheiten – Schuppen)
- Angst vor Operationen und Krankenhausaufenthalt
- Angst vor zahnärztlicher Behandlung (Zahnoperation – Angst vor dem Zahnarzt – Schmerzfreie Behandlung)
- Arthrose, Rheuma
- Arzneimittel- und Drogenabhängigkeit
- Asthma (Atembeschwerden – Asthma bei Wetterfühligkeit)
- Aufmerksamkeit, Gedächtnis, Konzentration (Besseres Gedächtnis – Steigerung der Konzentration – Vergessene Informationen ins Gedächtnis zurückrufen – Stärkung der Gedächtniskraft)
- Aufstehschwierigkeiten

- Beruf, Konflikte am Arbeitsplatz, Arbeitsfreude und Tatkraft (Berufsangst – Formeln für Beruf und Arbeit – Positive Einstellung zur Arbeit, zum Betrieb, zum Chef)

- Depressive Verstimmungen und Lebensangst (Frei von Angst durch Lebensfreude – Lebensangst, Zwänge)
- Diabetes (Einstellung des Blutzuckerspiegels)
- Durchblutungsstörungen
- Dysurie, nervös bedingt

- Entbindung

- Erfolg, Erfolgsformeln (Stärkung des Selbstvertrauens – Steigerung des Erfolgswillens)
- Erweckung und Steigerung der schöpferischen Kräfte

- Gesundheit und Lebenskraft (Förderung der körperlichen Gesundheit – Formeln für ein Leben ohne Krankheit und Schmerz – Gesundheitsformeln, Organformeln – Jungbrunnen Gesundheit)
- Gewichtsreduzierung
- Gleichgewichtsstörungen

- Hemmungen beseitigen, Kontaktfähigkeit, Lebenserfolg (Die Macht des freien Blicks – Frei von Erröten – Frei von Schüchternheit und Sprechangst – Kontaktfreudig werden – Leistungen verbessern – Frauen ansprechen – Positives Auftreten – Steigerung des Selbstvertrauens, Lebenserfolgs und sicheres Auftreten)
- Herzstörungen/Funktionelle Herzstörungen (Herzneurose – Vegetative Herzbeschwerden – Selbsthypnose-Suggestionen als Erstbehandlung – Selbsthypnose-Suggestionen für alle Indikationen)

- Kardiospasmus
- Kopfschmerzen
- Krebs

- Lebensfreude und Optimismus

- Magen- und Darmbeschwerden
- Meditation, neue Lebenseinstellung und Lebensführung

- Nägelkauen
- Negative Gewohnheiten/Ablegen negativer Gewohnheiten
- Nervosität in Ruhe umwandeln

- Ohrensausen

- Persönlichkeitsentwicklung/Aufbau einer dynamischen Persönlichkeit (Eine positive Persönlichkeit entwickeln)

- Phantomschmerz
- Positives Denken, Planen (Positives Planen – Positive Gedanken)
- Prüfungen/Prüfungsvorbereitung (Examensangst, Steigerung der Konzentrationsfähigkeit – Führerscheinprüfung/Prüfungssvorbereitung – Konzentration und Vorbereitung auf ein Seminar/einen Kurs – Lampenfieber – Prüfungen mühelos bestehen – Prüfungsangst, Unsicherheit – Vorbereitung auf Arbeit/Prüfung)

- Raucherentwöhnung
- Ruhe und Entspannung
- Schlafstörungen (Schlaflosigkeit – Schlaf- und Traumformeln)

- Schmerzausschaltung
- Schreibstörungen
- Schwierige Situationen meistern
- Sexualstörungen/Anorgasmie (Frigidität –Potenzstörung)
- Sprachstörungen (Sprechen vor Publikum, Sichere Stimme – Ein guter Redner werden – Überzeugend sprechen)
- Stress

- Unausgeglichenheit, Disharmonie

- Unlust und Zaghaftigkeit

- Verhalten gegenüber Widersachern

Alkoholentwöhnung

Ab sofort werde ich beim Anblick und Geruch von Alkohol einen so starken Widerwillen verspüren, dass ich das Glas nicht anrühren werde.
Flaschen und andere Behälter werde ich nicht anfassen, wenn sie Alkohol enthalten, auch Süßigkeiten mit Alkohol werde ich nicht mehr essen.
Ich weiß, dass ich eine bessere Gesundheit und ein besseres Familienleben haben werde, wenn ich den Alkohol nicht mehr trinke.
Ich fühle mich von Tag zu Tag wohler und zwangloser, solange ich den Alkohol meide.
Nichts kann meinen Entschluss umstoßen.
Ich habe den festen Willen, vom Alkohol loszukommen.
Ich habe einen starken Widerwillen gegen Alkohol.

Alternative Formulierung

Jedes meiner Worte, die ich jetzt zu mir spreche, dringt tief, ganz tief in mein Inneres ein und erfüllt mich mit Zuversicht und festem Glauben an meine völlige Gesundung.
Ich bin fest davon überzeugt und von dem Wissen tief durchdrungen, dass mein Unbewusstes mir helfen und beistehen wird auf dem Weg zur völligen Genesung, und dass diese Genesung jetzt, unmittelbar und in diesem Augenblick, bereits beginnt.
Ich weiß, dass jede Art von Alkohol mir schadet und meinen Allgemeinzustand sowie meine körperliche und geistige Leistung herabsetzt, meine Seele verletzt.
Ich bin zutiefst davon überzeugt, dass mein gesamter Organismus, mein ganzes Selbst, mein Körper in seiner ganzen Vollkommenheit sich wieder erholt, gekräftigt wird und in neuer Kraft erblüht, wenn ich dem Alkohol entsage – dem Alkoholismus völlig entsage.

Ich muss tief in meiner Seele davon durchdrungen sein, dass ich ohne Alkohol wieder Freude und Zutrauen zu meinem Leben habe, mehr Freude an meinem Selbst, meiner Familie, meinen Freunden.
Der Alkohol ist mein persönlicher Feind.
Hände weg davon.

Alternative Formulierung

Meine Müdigkeit ist ganz tief und fest, mein Körper bleischwer.
Ich atme ruhig und gleichmäßig und fühle mich ganz wohl.
Ich spüre, wie alle Probleme von mir abfallen.
Ich fühle mich ganz wohl.
Ich will und werde meine Probleme lösen.
Nichts kann mich mehr von meinem Vorsatz abhalten.
Ich habe kein Verlangen mehr nach Alkohol.
Ich habe kein Interesse mehr zu trinken.
Alkohol ist mir völlig gleichgültig – völlig uninteressant.
Ich spüre einen starken Widerwillen gegen Alkohol in jeder Form, der immer stärker wird.
Schon der Gedanke an Alkohol ist mir unangenehm.
Ich spüre dann sofort wieder einen starken Widerwillen gegen Alkohol.
Immer wenn ich Alkohol sehe, verstärkt sich dieser Widerwille noch mehr.
Ab sofort werde ich keinen Alkohol mehr trinken.
Ich lasse mich durch nichts von meinem Vorsatz abbringen, denn ich bin sehr froh, dass ich endlich etwas für meine Gesundheit tue.
Ich fühle mich auch von Tag zu Tag immer besser, und ich werde nie mehr Alkohol trinken.
Mein Widerwille gegen Alkohol in jeder Form wird von Tag zu Tag immer stärker.
Schon der Gedanke an Alkohol ist mir unangenehm und erzeugt in mir sofort ein starkes Ekelgefühl.
Sollte ich jemals wieder auch nur einen einzigen Schluck Alkohol trinken, wird mir sofort schlecht werden, sodass ich mich übergeben muss.
Ich werde deshalb diesen Versuch erst gar nicht machen und nie mehr Alkohol trinken.

Jedes Mal, wenn ich Alkohol sehe, verstärken sich meine Abneigung und mein Widerwille gegen Alkohol noch mehr. Ich bin froh und glücklich, dass ich keinen Alkohol mehr trinke.
Nichts kann mich von meinem Vorsatz abbringen.
Ich will und werde nie mehr Alkohol trinken.
Ich werde nie mehr Alkohol trinken.
Es geht mir dadurch von Tag zu Tag immer besser, und ich bin froh und glücklich, dass ich es endlich geschafft habe.
Ich bin endlich frei.

Allergie, Ekzeme und Hautunreinheiten

Ich bin ganz ruhig.
Gleichmäßig und tief atme ich und fühle mich wunderbar wohl in diesem Zustand der Entspannung.
Ganz schwer drückt mein Körper auf die Unterlage, und ich empfinde ganz deutlich diese wohlige Wärme in all meinen Gliedern.
Ich fühle mich wunderbar entspannt und wohl in meiner Haut.
Von nun an ist es mir unvergesslich, wie glücklich ich mich in meiner Haut fühlen kann.
Ich sehe in einem Spiegel meinen nackten, fleckenlosen Körper mir voller Freude zulächeln, und ich erfreue mich an den glatten Linien meines Gesichts.
Wann immer ich mich fortan berühre, freue ich mich an der zarten Reinheit meiner Haut. Meine reine, gesunde Haut löst in mir ein völlig neues Glücksgefühl aus.
Ich fühle mich wohlig entspannt und vollkommen befreit, unvergesslich und unbeirrbar wohl in meiner Haut und bei allem, was ich tue und tun will.

Heuschnupfen

Jedes Mal, wenn ich am Morgen aufwache, ist meine Nase ganz frei, die Schleimhäute sind glatt, die Augen normal trocken.
Mein Kopf ist leicht und klar.
Ich atme frei, tief und regelmäßig.
Im Freien sind meine Augen und meine Nase frei von Reizen.
Ich kann dann ganz tief und frei atmen.
Ich fühle mich herrlich wohl, wenn ich durch Wiesen und Felder spaziere, denn meine Nase ist frei, die Augen normal trocken und der Kopf ganz leicht.
Ich bin gänzlich frei von Niesreiz.
Ich freue mich und genieße den herrlichen Frühling, denn ich bin völlig beschwerdefrei.
Meine Atmung ist frei und ich fühle mich ganz wohl und gesund.
Jede Zelle meines Körpers erneuert sich mit frischer Kraft und Energie, und ich fühle mich ganz stark.
Nachts schlafe ich ruhig und fest.
Es geht mir von Tag zu Tag in jeder Beziehung besser und besser.

Warzen

Die Haut und die Warzen werden immer kühler und blasser.
Die Warze trocknet ein, wird kühl, blass und klein.
Es fließt kein Blut in die Warze.
Bald fällt die Warze ab.

Hautunreinheiten

Die Haut wird gut durchblutet, mit dem Blut wird die Haut gut versorgt mit Nährstoffen, Vitaminen und Sauerstoff.
Das Blut schwemmt alle Schlacken- und Giftstoffe weg.
Die Haut wird und bleibt vollkommen sauber und rein.
Meine Haut heilt, sie wird vollständig gesund, rein und makellos.

Schuppen

Meine Kopfhaut ist gut durchblutet.
Ich sehe mich bereits vor meinem geistigen Auge als vitalen, gesunden Menschen mit makelloser reiner Haut.

Alternative Formulierung

In einem gesunden Körper wohnt ein gesunder Geist.
Ich habe einen gesunden und kräftigen Körper.
Mein Blut ist sauber und meine Haut gesund.
Fremdstoffe werden von meinem gesunden Körper neutralisiert.
Ich habe in mir Abwehrkräfte, die alle Antigene abstoßen.
Die Kräfte meines Geistes geben mir die Fähigkeit, alle Krankheiten abzuwehren.

Angst vor Operationen und Krankenhausaufenthalt

Um meinen Krankenhausaufenthalt körperlich gut zu überstehen, muss ich vorher zunächst innerlich darüber stehen.
Die guten Wünsche und die Liebe meiner Familie und Freunde werden mich gegen die Betriebsamkeit und Unpersönlichkeit der Krankenhausatmosphäre abschirmen und mir eine hoffnungsvolle, genesungsfördernde Stimmung erhalten.
Schmerzen und Unbehagen atme ich weg und konzentriere mich voll auf Wohlbefinden, blühendes Aussehen und vitale Gesundheit.
Tag und Nacht fühle ich mich warm, wohl und geborgen.
Die aufbauenden, helfenden Gedanken meiner Lieben geben mir die Kraft, die Zuversicht und großen Mut.
Die Zeit im Krankenhaus ist ein sinnvoller Sonderurlaub, der mir Zeit und Gelegenheit gibt, mein bisheriges Leben und meine aktuelle Situation zu überdenken.

So wird es mir in dieser Zeit gelingen herauszufinden, was in meinem bisherigen Leben nicht optimal gelaufen ist.
Ich werde denken und planen.

Spezielle Suggestionen

Zehntausende von Frauen haben Ähnliches hinter sich gebracht und genießen heute wieder ihr Leben.
Auch ohne typische biologische Funktionen werde ich eine richtige Frau bleiben.
Ich freue mich darauf, in Zukunft die Liebe ohne Angst genießen zu dürfen.
Schöne weibliche Eigenschaften wie Sanftmut, Warmherzigkeit, Einfühlungsvermögen werden sich in mir voll entwickeln.
Alle Hektik, Oberflächlichkeit und Zersplitterung fallen von mir ab.
Ich werde weniger handeln und mehr wirken.
Dabei werde ich mich sehr wohlfühlen.
Diese Operation ist meine große Chance.
Sie wird mein Leben positiv verändern.
Ich werde mein Leben positiv verändern.
Ich werde in jeder Situation gelassen und ruhig bleiben.
Nachher werde ich mich sehr wohlfühlen, erlöst und erleichtert sein.
Ich freue mich, dass ich lebe.

Angst vor zahnärztlicher Behandlung

Zahnoperation

Jeder chirurgische Eingriff in meinem Mund verläuft ohne Schwierigkeiten.
Mein Zahnarzt macht seine Arbeit sehr gut, und ich habe volles Vertrauen in sein fachliches Können.

Die Zahnoperation ist Voraussetzung und Grundlage für meine vollkommene Gesundung.
Ich bin über die Operation hinaus bis zur endgültigen Heilung völlig schmerzfrei.
Entspannende, heilende Wärme durchströmt meinen Kiefer und das Wundgebiet.
Die Wundheilung erfolgt schnell und komplikationslos.
Ich spüre, wie alle Zellen meines Körpers durch angenehme, wohltuende Wärme zur optimalen Wundheilung beitragen.
Ich fühle, wie es mir von Stunde zu Stunde und von Tag zu Tag besser geht.

Angst vor dem Zahnarzt

Immer wenn ich an meinen Zahnarzt denke, erfüllt mich ein angenehmes Gefühl der Ruhe und Entspannung.
Dann fühle ich mich wohl und gelöst.
Ich gehe gerne zum Zahnarzt.
Auf dem Zahnarztstuhl bin ich voll Zuversicht und in Harmonie mit mir selbst.
Ich weiß, dass mein Zahnarzt mir hilft und seine Hilfe mir guttut.
Jede Berührung während der Zahnbehandlung steigert mein Vertrauen zu ihm.
Meine positive Einstellung vertieft sich mehr und mehr, immer mehr, wenn ich nur schon an eine Zahnbehandlung denke.
Mit jeder Behandlung wächst mein Selbstvertrauen.
Ich freue mich darauf, zu meinem Zahnarzt zu gehen.

Schmerzfreie Behandlung

Während der Zahnbehandlung bin ich vollkommen gelöst und entspannt.
Jede Behandlung empfinde ich als angenehm und wohltuend.
Immer wenn ich auf dem Zahnarztstuhl den Mund aufmache, ist jeder Schmerz wie weggeblasen.
Jede Berührung der Zähne steigert mein Wohlbehagen.

Bohren ist mir angenehm und lässt mich in den siebten Himmel schweben.
Dann bin ich vollkommen schmerzfrei und fühle mich richtig wohl, und dieses Gefühl vertieft sich mit jedem Bohren.
Schon der Gedanke ans Bohren lässt jeden Schmerz verschwinden und er bleibt weg, solange ich in der Praxis bin.
Es genügt in Zukunft, nur ans Bohren zu denken, schon bin ich vollkommen schmerzfrei und fühle mich beschwingt und geborgen.
Jede Umdrehung des Bohrers steigert meine Schmerzfreiheit und mein Wohlbefinden.

Arthrose, Rheuma

Mein Körper wird von einem angenehmen Wärmegefühl durchrieselt.
Es macht Gelenke und Muskeln frei beweglich.
Ich konzentriere mich jetzt auf mein rechtes/linkes (das kranke) Knie.
Ich bemerke hier die Wärme besonders intensiv.
Das Knie wird dadurch frei beweglich.
Das ganze Bein ist jetzt leicht und schmerzfrei.
Ich kann das Bein ohne jeden Schmerz bewegen.
Ich bewege es.
Ich verspüre absolut keinen Schmerz.
Dieser schmerzfreie Zustand hält auch nach der Selbsthypnose an.
Wenn ich erwache, fühle ich mich wohl und völlig beschwerdefrei.
Ich werde heute Nacht tief und fest schlafen, weil ich auch im Bett völlig beschwerdefrei bin.
Ich erwache darum am Morgen ganz frisch, vital und vollkommen beschwerdefrei.

Alternative Formulierung

Meine Gelenke gehorchen meinem Willen.
Ich bin ohne Schmerz oder Störungen.
Wenn ich aufstehe, bewege ich meine Gelenke und freue mich über deren gute Funktion.
Mein Allgemeinbefinden wird von Tag zu Tag besser, ich fühle mich wohl.
Ich bewege mich gern und fühle bei jeder Bewegung, wie gut meine Gelenke sich meinem Willen unterordnen.
Jeder Schritt und jede Bewegung erfolgt ohne Schmerzen oder Behinderung, ich bin gesund und beweglich.
Ich fühle mich von Tag zu Tag besser.
Ich genieße die Ruhe und die Bewegung.
Ich bin gesund und munter.

Arzneimittel- und Drogenabhängigkeit

Arzneimittelabhängigkeit

Ab sofort ist mein Wohlbefinden von Medikamenten unabhängig.
Ich fühle mich auch ohne Medikamente wohl und leistungsfähig.
Ich will nur noch unbedingt notwendige Medikamente zu mir nehmen.
Alle für mich überflüssigen Medikamente erregen einen Widerwillen in mir – ich habe kein Verlangen mehr danach. Ich fühle mich ohne Medikamente frisch und gesund.

Drogenabhängigkeit

Ich schließe jetzt meine Augen und entspanne mich völlig.
Nichts ist mehr wichtig.
Ich gebe mich ganz dieser wohltuenden Entspannung hin.

Ich spüre, wie ich mich immer mehr und mehr vom Alltag löse.
Ich bin frei von Problemen und störenden Gedanken.
Nichts ist wichtig.
Ich gebe mich ganz diesem herrlichen Gefühl des Gelöstseins hin.
Alles um mich herum wird klarer und deutlicher, immer schönere Farben und Musik bilden eine Einheit, der ich lausche.
Ich gebe mich ganz dem Klang- und Farberlebnis hin.
Nichts kann mich stören.
Außengeräusche sind mir völlig gleichgültig und berühren mich nicht mehr.
Ich lausche nur noch in mich hinein und erlebe einen Zustand, so schön, wie ich ihn mithilfe einer Droge noch nie erlebt habe.
Und ich weiß, ich kann diesen herrlichen Zustand jederzeit wieder erleben – frei von allen Sorgen und Problemen und vor allem frei von unangenehmen Nebenwirkungen.
Keine Droge kann mir auch nur annähernd ein solches Erlebnis vermitteln.
Ich brauche keine Droge mehr, die meine Gesundheit zerstört.
Ich habe einen besseren Weg gefunden, der frei von allen Nebenwirkungen ist.
Ich spüre, wie sich meine Gesundheit von Tag zu Tag wieder stabilisiert.
Ich blicke voller Zuversicht in die Zukunft, die ich nach meinen Wünschen gestalte.
Nichts kann mich mehr dazu bewegen, noch einmal eine Droge zu nehmen – wozu auch?
Drogen sind mir ganz gleichgültig geworden – mehr noch: ich verabscheue Drogen.
Keine Macht der Welt kann mich noch einmal dazu veranlassen, zur Droge zu greifen und damit meine Gesundheit zu zerstören.

Spezielle Suggestionen

Wann immer ich Sehnsucht habe, die Welt lichter und froher zu sehen, kann ich dies in der meditativen Entspannung der Selbsthypnose jederzeit ganz leicht erreichen und helfe dadurch meinem Organismus, sich noch leichter und schneller selbst zu heilen und sich zu regenerieren.

Ich spüre von Tag zu Tag mehr diese segensreiche Wirkung, die mir neue Kraft und neuen Mut gibt, frohen Herzens in die Zukunft zu sehen, die ich nach meinen Wünschen und Vorstellungen gestalten werde.
Ich weiß jetzt, dass ich mein Schicksal selbst bestimme. Ich bin frei von jedem Zwang und fremdem Einfluss und gebe meinem Leben einen neuen Sinn.
Ich habe eine Aufgabe, die ich erfüllen werde, die mich ausfüllt und für die ich meine ganze Kraft einsetze.
Von Tag zu Tag schreite ich weiter in eine wundervolle Zukunft.
Ich bin aus tiefstem Herzen froh und glücklich.
Ich bin völlig frei.

Pause

Nun löse ich mich aus der wunderbaren Meditation, die ich von nun an täglich machen werde, und ich konzentriere mich auf die Aufgabe, die vor mir liegt.
Ich bin voller Kraft und Energie und freue mich, dass ich mich ganz meiner Aufgabe widmen kann.
Ich werde meine Aufgabe von Tag zu Tag noch besser lösen und meine Leistungen immer noch weiter steigern.
Jetzt zähle ich bis 3, dann öffne ich meine Augen und bin wieder hellwach und in bester Gesundheit.
Mein Körper ist kraftvoll und energiegeladen.

Asthma

Ich atme ruhig, tief und gelassen.
Meine Lungen öffnen sich weit und nehmen die reine Luft frei und tief auf.
Locker und entspannt gebe ich die Luft wieder an die Natur zurück.
Ich freue mich am Geben und Nehmen der Luft und spüre die Kraftfülle, die sie mir schenkt.

Ganz frei ist mein Atmen, tief und ruhig nehme ich frische Luft in mich auf, langsam und gelassen gebe ich sie wieder an die Natur zurück.
Freude erfüllt mich über dieses stetige, gleitende Geben und Nehmen.
Dankbar und entspannt genieße ich das Geschenk der reinen Luft und freue mich auf jeden neuen Atemzug.

Atembeschwerden

Durch diese vertiefte Ruhebehandlung kommt ein wohliges Entspannungsgefühl über meinen ganzen Körper.
Besonders in der Brustgegend entspannen sich die Muskeln rund um die Blutgefäße, und es entsteht ein Gefühl der Erweiterung und Erleichterung.
Die Brust fühlt sich angenehm, strömend warm an – ich spüre eine angenehme Wärme in der Bronchialgegend.
Brust und Bronchien sind frei und entspannt.
Der Atem fließt von selbst.
Es atmet mich.
Meine Atmung ist ruhig, leicht und frei.
Stirn, Nase und Rachen sind angenehm kühl.
Die Nase ist angenehm kühl und feucht.
Stimme und Hals erholen sich.
Ich fühle mich von Tag zu Tag immer sicherer und wohler.
Es geht mir in jeder Beziehung immer besser und besser.
Ich beginne ganz neu – voll Ruhe, voll Gesundheit, voll mit neuer Kraft und Energie.
Durch diese Entspannungsbehandlung werde ich von Tag zu Tag seelisch und körperlich immer ruhiger und ruhiger.
Meine Gesundheit festigt sich von Tag zu Tag.
Die Brust fühlt sich weiterhin angenehm strömend warm an, und durch diese angenehme Wärme in der Bronchialgegend sind die Bronchien ganz frei und entspannt.
Ich bin und bleibe ganz ruhig.
Ich atme tief, ganz tief aus und ein.
Der Atem fließt von selbst – ganz ruhig und leicht.
Und mit jedem Atemzug strömt Ruhe in meinen Körper.

Durch diese wunderbare Ruhe, die mit jedem Atemzug – bei Tag und Nacht – in meinen Körper einströmt, erholt sich mein Körper auf wunderbare Weise.
Jede Nacht sinke ich in einen tiefen, erholsamen Schlaf.
Voller Ruhe und Entspannung.
Im Schlaf lädt sich meine Lebensbatterie unaufhörlich auf mit neuer Kraft und Energie.
Ich werde von Tag zu Tag seelisch und körperlich immer ruhiger und ruhiger, und es geht mir in jeder Hinsicht immer besser.
Der Atem ist und bleibt ganz ruhig und gleichmäßig.
Der Atem geht ganz leicht.
Ich atme tief, ganz tief aus und ein.
Es atmet mich.
Stirn, Nase und Rachen sind angenehm kühl.
Die Nase ist angenehm kühl und feucht.
Stimme und Hals erholen sich.
Brust und Bronchien sind strömend warm – ganz frei und entspannt.
Der Atem fließt von selbst.
Ich fühle mich immer gesünder, froh und glücklich – mit jedem Tag immer besser.
Ich bin und bleibe ganz ruhig.
Der Atem fließt von selbst – ruhig, frei und leicht.

Asthma bei Wetterfühligkeit

Ich bin ganz ruhig.
Ein wunderbares Gefühl des Friedens und der Harmonie durchdringt mich.
Dieses wunderschöne Gefühl des Friedens und der Harmonie erfüllt meinen ganzen Körper.
Ich atme ruhig und gleichmäßig.
Alles, was ich jetzt sage, prägt sich tief in mein Unterbewusstsein ein.
Ich atme tief und gleichmäßig.
Meine Lunge füllt sich prall mit erlösender Luft.
Mein Brustkorb ist ganz weit.
Ich atme ganz tief ein und fühle mich befreit.

Alle Unruhe und Angst sind von mir gewichen.
Das Wetter ist mir gleichgültig.
Auch bei nasskaltem Wetter fühle ich mich wohl und frei.
Ich fühle mich wohl, jeden Tag.
Ich atme tief und ruhig.
Ich bin befreit, ich lasse alles hinter mir.
Das wunderbare Gefühl des Friedens und der Harmonie durchdringt mich jeden Tag.
Ich fühle mich besser von Tag zu Tag, immer besser, immer besser.

Aufmerksamkeit, Gedächtnis, Konzentration

Jedes meiner Worte, das ich jetzt zu mir spreche, dringt tief, ganz tief in mein Inneres und erfüllt mich mit Zuversicht und dem festen Glauben an meine völlige Gesundung.
Ich bin fest davon überzeugt und von dem Wissen tief durchdrungen, dass ich mir selbst helfen und beistehen werde auf dem Weg zur völligen Genesung, und dass die Genesung jetzt, unmittelbar und in diesem Augenblick schon begonnen hat.
Ich werde spüren, wie mein Geist sich auflädt, wie er wieder in Gang gesetzt wird, in den Stand versetzt wird, Gedanken und Eindrücke aufzunehmen, sie zu speichern und in der Erinnerung zu behalten.
Mein Gedächtnis wird wieder geschärft sein und wie ein Computer jede Einzelheit registrieren.
Ich werde mein Gedächtnis zu jeder Zeit und auf Wunsch abrufen können.
Ob es sich um das gesprochene Wort, um Gelesenes oder um bildhafte Eindrücke handelt.
Alles, alles werde ich gewissenhaft festhalten in meinem starken Gedächtnis, denn mein Gehirn funktioniert und arbeitet wieder in einmaliger Präzision, in einmaliger Zuverlässigkeit.
Das weiß ich, und davon bin ich fest und zutiefst überzeugt.

Besseres Gedächtnis

In meinem jetzigen, entspannten Zustand erkenne ich ganz deutlich:
Wenn mein Gedächtnis nachlässt, bedeutet das, dass ich meine Energien falsch verteile.
Ich lenke meine Energien auf das Gedächtnis.
Ich kann und will mich erinnern.
Ich will meine Fähigkeit zu erinnern voll und ganz nutzen.
Ich speichere Daten, um sie abrufen zu können.
Ich will sie erfolgreich abrufen.
Wann immer ich will.
Mein Gedächtnis ist frei.
Es steht zu meiner Verfügung, wann immer ich will. Ich erinnere mich gerne und gut.
Ich fühle mich wohl.
Mein Gedächtnis ist gut.
Ich lebe frei.

Steigerung der Konzentration

In meinem jetzigen, entspannten Zustand sehe ich ganz deutlich:
Konzentrationsschwäche ist Verkrampftsein.
Ich löse die Spannung und konzentriere mich.
Ich befreie meine Energien für die Konzentration.
Es ist ganz leicht.
Das Blut fließt gut und frei.
Ich fühle mich wohl und konzentrationsfähig.
Ich kann mich konzentrieren. Ja.
Ich nutze meine Energien.
Ich atme wohl und frei.
Alles gelingt gleich gut.
Ich kann mich konzentrieren, denn ich habe die Spannung gelöst.
Gut konzentriert lebe ich frei.

Zusätzliche Information

Unsere Konzentrationsfähigkeit hängt eng mit dem Gedächtnis zusammen.
Konzentrationsschwächen können folgende Ursachen haben:
1. Mangelnde Ernährung
2. Mangelnde Atmung
3. Fremdprogrammierung (Sätze wie: „Kannst du dich denn nie konzentrieren?")
4. Psychische Probleme
Wenn ein Mensch schwer wiegende seelische Probleme hat, ist eines der ersten Symptome die Schwierigkeit, sich zu konzentrieren.
Dieser Hinweis ist besonders wichtig, wenn der Betreffende sich bis zu einem gewissen Zeitpunkt in seinem Leben immer sehr gut konzentrieren konnte.
In diesem Fall sollte man die Ursache mitbehandeln.

Vergessene Informationen ins Gedächtnis zurückrufen

Jetzt, in diesem Zustand tiefer Entspannung, wirst du, mein Unterbewusstsein, folgende Anweisungen annehmen und mit der Kraft eines unwiderstehlichen Triebes, selbst gegen innere Hemmungen, zur Ausführung bringen:
In diesem Zustand tiefster Entspannung bin ich im Stande, spielend leicht zu der Quelle der Informationen zurückzukehren, die ich mir wünsche.
An bestimmte, in Beziehung zueinander stehende Fakten kann ich mich leicht und mühelos erinnern.
Ich bin nach Beendigung der Selbsthypnose im Stande, mich an die Informationen im Detail genauestens zu erinnern.

Stärkung der Gedächtniskraft

Jetzt, in diesem Zustand tiefer Entspannung wirst du, mein Unterbewusstsein, folgende Anweisungen annehmen und mit der Kraft eines unwiderstehlichen Triebes, selbst gegen innere Hemmungen, zur Ausführung bringen:

Ich bin von nun an im Stande, mich leicht und sofort an alles, was es auch immer sei, zu erinnern.
Mein Verhalten ist von nun an in Übereinstimmung mit meinem Wunsch, sich an alles leicht und mühelos zu erinnern.
Von Tag zu Tag nimmt die Kapazität meines Gedächtnisses zu.
Meine ganze Aufmerksamkeit konzentriert sich auf das, was ich im Gedächtnis behalten möchte.
Ich bin von nun an im Stande, mich leicht und mühelos an alles zu erinnern.

Alternative Formulierung

Jetzt, in diesem Zustand tiefer Entspannung wirst du, mein Unterbewusstsein, folgende Anweisungen annehmen und mit der Kraft eines unwiderstehlichen Triebes zur Ausführung bringen.
Ich reinige nun mein Gedächtnis, meinen Geist von der bestehenden Unordnung.
Ich habe nun die Fähigkeit, jedes Mal, wenn ich lese, lerne oder studiere, den Stoff, das Gelesene vollständig in mich aufzunehmen.
Kein wie auch immer geartetes Geräusch oder anderer Außenreiz ist im Stande, mich dabei zu stören.
Meine Konzentration bessert sich von Tag zu Tag.
Meine geistigen Fähigkeiten reagieren von nun an in ihrer Gesamtheit auf alles, was ich lese, lerne oder studiere.

Aufstehschwierigkeiten

Ich gönne mir jede Nacht einen tiefen und ausreichend langen Schlaf.
Ich gehe rechtzeitig zu Bett und schlafe ruhig fest und tief bis zum Zeitpunkt, da ich aufstehen muss.
Mein Unterbewusstsein weiß, wann ich aufstehen muss, und startet meine körperlichen Wachfunktionen schon zehn Minuten früher.

Bevor mein Wecker klingelt, öffne ich meine Augen und bin sofort im hier und jetzt.
Ich erwache jeden Morgen ganz leicht und bin munter und fröhlich.
Das Aufstehen geht von Tag zu Tag immer leichter und leichter.
Ich bin ein fröhlicher und liebenswerter Mensch mit einem goldenen Herzen.
Leicht und fröhlich aufzustehen hat sich jetzt tief in meinem Unterbewusstsein verankert.
Ich bin glücklich, dass ich jetzt jeden Morgen leicht und ausgeruht aufstehen kann.

Beruf, Konflikte am Arbeitsplatz, Arbeitsfreude und Tatkraft

Ich fühle mich von Tag zu Tag immer mehr voller Energie und Tatkraft.
Die Arbeit macht mir immer mehr Freude, und ich finde darin Befriedigung.
Ich bleibe bei meiner Arbeit stets ruhig und gelassen.
Das Verhältnis zu meinen Kollegen wird von Tag zu Tag besser und entspannter.
Alles, was ich anfange, wird mir leicht gelingen.
Ich werde immer mehr und mehr Erfolg im Beruf haben, ich gehe mutig und entschlossen an jede Aufgabe heran.
Nichts kann mich entmutigen, nichts kann mich aus dem Gleichgewicht bringen.
Jede Arbeit macht mir von Tag zu Tag immer mehr Freude.

Berufsangst

Es gibt nichts, wovor ich mich fürchten muss.
Ich bringe alle Voraussetzungen zur Ausübung meines Berufes mit.

Ich habe volle Kontrolle und absolute Führung über meine Gedanken und Fähigkeiten, um meine Ziele zu erreichen. Ich freue mich auf jeden Arbeitstag, denn er bringt mir Erfüllung und Zufriedenheit.
In der Anwendung meiner geistigen Fähigkeiten werde ich von Tag zu Tag erfolgreicher und fühle mich in jeder Situation ganz frei und sicher.

Formeln für Beruf und Arbeit

Ich tue alles für meinen Beruf, denn ich liebe meinen Beruf.
Ich erstrebe den beruflichen Erfolg.
Schaffenskraft erfüllt mich für meinen Beruf.
Ich bin glücklich, wenn ich im Beruf erfolgreich bin.
Mein berufliches Können wird immer besser und besser.
Es wird in jeder Hinsicht besser.
Ich finde mein Glück in meinem Beruf, ich liebe meinen Beruf.
Der Beruf bildet meine Lebensgrundlage – darum leiste ich alles für meinen Beruf.
Ich arbeite gern, die Arbeit macht mir Freude.
Im rechten Geiste arbeiten, gut und positiv arbeiten.
Ich arbeite ruhig, gesammelt und gern.
Ich will positive Arbeit leisten ... positive Arbeit.
Ich arbeite effektiv, ruhig und frei.
Ich arbeite stetig, gründlich und genau.
Ich bin positiv, darum leiste ich positive Arbeit.
Ich gehe kraftvoll und freudig an die Arbeit ... kraftvoll und freudig.
Meine positive Arbeit führt mich von Erfolg zu Erfolg.
Frisch an die Arbeit, freudig an die Arbeit, Arbeit macht Spaß.

Positive Einstellung zur Arbeit, zum Betrieb, zum Chef

Durch diese Behandlung strömt mit jedem Atemzug Ruhe in meinen Körper.
Durch diese wunderbare Ruhe, die mit jedem Atemzug – bei Tag und Nacht – in meinen Körper einströmt, regeneriert sich mein Körper auf wunderbare Weise.

Jede Nacht sinke ich in einen tiefen, erholsamen Schlaf, und im Schlaf lädt sich meine Lebensbatterie unaufhörlich auf – mit neuer Kraft und Energie.
Ich bestimme meine Arbeit und lasse mich nicht von meiner Arbeit bestimmen.
Ich arbeite konzentriert, bleibe aber bei der Arbeit ganz ruhig – vollkommen entspannt und ausgeglichen.
Ich bin und bleibe vollkommen ruhig.
Beim Umgang mit meinem Chef bemerke ich, wie ich meine Meinung immer besser und immer freier ausdrücken kann und wie ich mich immer besser und selbstsicherer durchsetzen kann.
Mein Auftreten und Sprechen wird immer freier, mit jedem Tag immer mutiger und immer selbstsicherer.
Meine Sicherheit und mein Selbstvertrauen wachsen mit jedem Tag.
Ich bin und bleibe vollkommen ruhig und ausgeglichen.
In allen Situationen vollkommen ruhig – ganz ruhig und innerlich ausgeglichen.
Durch diese Behandlung werde ich von Tag zu Tag seelisch und körperlich immer ruhiger und ruhiger.
Und immer wenn ich den Betrieb verlassen habe, schalte ich alle Gedanken an meine Arbeit ab.
Ich genieße dann meinen Feierabend – in Frieden und Harmonie.
Ich bin und bleibe ganz ruhig und ausgeglichen.

Depressive Verstimmungen und Lebensangst

Alle Unruhe und Angst fallen von mir ab wie welke Blätter im Herbst.
Ich fühle mich von Tag zu Tag sicherer und werde immer selbstständiger.
Ich freue mich auf jeden neuen Tag und mein Selbstvertrauen festigt sich mit jedem Mal (Tag), wenn ich meine Stimme höre.
Ich werde und bleibe ruhig und gelassen.

Mit jedem Mal (Tag), wenn ich meine Stimme höre, stärkt sich in mir das wunderbare Gefühl des Friedens und der Harmonie, und ich bin ganz heiter und gelöst und aus tiefstem Herzen froh und glücklich.
Und den ganzen Tag über bleibe ich heiter und fröhlich, und es geht mir von Tag zu Tag in jeder Hinsicht immer besser.
Meine Gesundheit festigt sich von Tag zu Tag.
Mein Herz schlägt ruhig und stark.
Mein Kreislauf ist stabil.
Ich fühle mich in jeder Situation ganz wohl.
Meine Sicherheit und mein Selbstvertrauen wachsen von Tag zu Tag.
Es geht mir in jeder Hinsicht immer besser und besser. Ich denke und handle ganz sicher und klar.
Ich bleibe ganz ruhig und frei.
Ich bin und bleibe geborgen.
Das Leben macht Freude.
Ich liebe das Leben.
Ich liebe meine Familie.
Ganz fröhlich und frei bezwinge ich die Zukunft.
Ich freue mich auf jeden Tag – ich schaffe es.
Ich sehe fröhlich und frei in die Zukunft.

Alternative Formulierung

Ich finde eine ganz neue Einstellung zum Leben – zu meinem Leben – voller Ruhe und Selbstvertrauen. Die Vergangenheit ist vorüber – hat keinen Einfluss mehr, liegt weit hinter mir – erledigt.
Mit jedem Atemzug lasse ich die Vergangenheit immer weiter hinter mir zurück.
Ich gehe voller Ruhe und Selbstvertrauen in die Zukunft – ich schaue nur noch nach vorne und es geht mir von Tag zu Tag in jeder Hinsicht immer besser und besser.
Ein ganz neues Leben beginnt für mich: voller Ruhe und Selbstvertrauen.
Ich finde eine ganz neue Einstellung zum Leben, zu meinen Mitmenschen (meinem Partner) – voll Ruhe und Selbstvertrauen.
Ich sage offen meine Meinung, wenn mir etwas nicht gefällt – ich halte meine Meinung nicht mehr zurück.

Ich werde nachsichtiger mit anderen Menschen, was mir wunderbar gelingt.
Es fällt mir dadurch leicht, Kontakte mit anderen Menschen herzustellen.
Ein ganz neues Leben beginnt für mich: voller Ruhe und Selbstvertrauen.
Ich gehe aus mir heraus.
Ich gebe meine Zurückhaltung auf.
Ich gehe ganz aus mir heraus – ich zeige meine Gefühle.
Ich öffne mich für andere Menschen (Partner).
Ich versuche meinen Partner zu verstehen, auf ihn einzugehen. Es macht mich glücklich, ihn zu beglücken.
Durch die wunderbare Ruhe, die mit jedem Atemzug (bei Tag und Nacht) in meinen Körper einströmt, schlafe ich jetzt jede Nacht ganz tief und ruhig bis morgens früh.
Jede Nacht sinke ich in einen tiefen, erholsamen Schlaf und im Schlaf regeneriert sich mein Körper auf wunderbare Weise.
Im Schlaf lädt sich meine Lebensbatterie unaufhörlich auf mit neuer Kraft und Energie.
Ein ganz neues Leben beginnt für mich – voll Ruhe, voll Gesundheit, voll mit neuer Kraft und Energie.
Durch diese Behandlung (Entspannung) werde ich von Tag zu Tag seelisch und körperlich immer ruhiger und ruhiger.
Alle meine Gedanken kommen zur Ruhe.
Und jeden Abend, wenn ich zu Bett gehe, fallen alle Sorgen von mir ab.
Ich spüre dann sofort wieder dieses wunderbare Gefühl der Schwere und Müdigkeit, des Friedens und der Harmonie.
Alle meine Gedanken kommen zur Ruhe – der Schlaf kommt von selbst, von ganz alleine.

Alternative Formulierung

Ich bin ganz ruhig.
Ein wunderbares Gefühl des Friedens und der Harmonie breitet sich in meinem Körper aus, und ich bin aus tiefstem Herzen froh und glücklich.

Ich fühle mich von Tag zu Tag immer besser und werde immer heiterer und fröhlicher.
Morgens, beim Erwachen spüre ich sofort wieder dieses wundebare Gefühl des Friedens und der Harmonie, und ich bin dann ganz heiter und gelöst und aus tiefstem Herzen froh und glücklich.
Und den ganzen Tag über bleibe ich heiter und fröhlich, und es geht mir von Tag zu Tag in jeder Hinsicht immer besser.
Ich werde von Tag zu Tag immer heiterer und fröhlicher und ich fühle mich von Tag zu Tag immer besser – immer besser.
Meine Gesundheit festigt sich von Tag zu Tag.
Mein Herz schlägt ruhig und stark.
Mein Kreislauf ist stabil.
Ich fühle mich in jeder Situation ganz wohl.
Meine Sicherheit und mein Selbstvertrauen wachsen von Tag zu Tag.
Ich bin und bleibe vollkommen ruhig – ganz heiter und gelöst.
Meine Willenskraft wächst und wird stärker von Tag zu Tag.
Ich freue mich auf jeden neuen Tag.
Ganz fröhlich und frei bezwinge ich die Zukunft – voller Mut – ich schaffe es.
Ich blicke und gehe voll Ruhe und Selbstvertrauen in die Zukunft.
Ich schaue nicht mehr zurück.
Die Vergangenheit liegt weit hinter mir – hat keinen Einfluss mehr.
Ich schaue nur noch nach vorne – voll Ruhe und Selbstvertrauen.
Die Vergangenheit ist ohne Einfluss – erledigt.

Frei von Angst durch Lebensfreude

Ich bin erfüllt von Harmonie und heiterer Zuversicht.
Ich lebe in Harmonie mit meinen Mitmenschen, mit meiner Familie, mit meinen Freunden, mit meinen Kollegen.
Alle Harmonie der Natur ist in mir.
Ich strahle Zuversicht und Optimismus aus, ich erlebe ständig mehr Lebenslust und Lebensfreude.
Meine Arbeit macht mir Freude – nichts kann mich aus der Fassung bringen.

Alles Schlechte und Zerstörerische, dem ich begegne, kann mir nichts anhaben.
Alles Positive aber ziehe ich magnetisch an.
Mein Gesichtsausdruck, alle meine Bewegungen sind harmonisch und angenehm.
Alles, was ich anfange, werde ich erfolgreich zu Ende führen.

Lebensangst, Zwänge

Ich stehe mit beiden Beinen fest auf der Erde.
An meinem unbeugsamen, festen Willen prallen alle Probleme des täglichen Lebens ab.
Nichts, aber auch gar nichts, kann mich erschüttern.
Ich habe volle Kontrolle und absolute Führung über meine Gedanken und Fähigkeiten auf jeder Ebene meines Geistes, und ich nutze diese Fähigkeiten, um meine Ziele zu erreichen.
Es ist eine Freude zu sehen, wie alle meine Vorhaben gelingen.
Ich habe viel Freude am Leben und fühle mich in jeder Situation ganz frei und sicher.
Alle meine Gedanken kommen zur Ruhe.
Ich bestimme und lenke.
Nur mein Wille entscheidet.
Ich bin und bleibe frei von allem Zwang.
Ich denke und handle ganz sicher und klar.
Ich bleibe ganz ruhig und frei.
Ich bin und bleibe geborgen.

Diabetes

Mit jedem Atemzug spüre ich ganz deutlich, wie eine wohltuende Wärme meinen Körper durchdringt.
Eine tiefe Freude erfüllt meinen Körper und meine inneren Organe – eine wundervolle Kraft konzentriert sich auf meine Organe.

Ich sehe, spüre und fühle ganz deutlich, wie mein Blutstrom von allen meinen Organen wie in einem Computer überprüft wird.
Jede Veränderung meines Insulinspiegels wird sofort festgestellt und berichtigt.
Mein Blutzuckerspiegel wird auf das meinem Körper verträgliche Maß genau von meinen Organen eingestellt.
Meine Bauchspeicheldrüse arbeitet ruhig und genau.
Jede auftretende Veränderung meines Insulinspiegels befähigt meine inneren Organe nur noch mehr, die störenden Einflüsse auszuschalten und das richtige Maß wiederherzustellen.
Meine Organe sind stark und gesund, mein Kreislauf unterstützt mich dabei – er ist stabil und keine Belastung schadet ihm.
Alle Zellen meines Körpers arbeiten nach ihrer ursprünglichen Bestimmung.
Mit einer diätetischen Ernährung unterstütze ich die Arbeit meiner Bauchspeicheldrüse.
Ich genieße bewusst jeden Bissen meiner kleinen Mahlzeiten.
Mein Gewicht reduziert sich und entlastet damit meine Bauchspeicheldrüse.
Die zuständigen Zellen meiner Bauchspeicheldrüse produzieren immer die erforderliche Menge von Insulin.
Mit jedem Atemzug verbessert sich meine Durchblutung.
Mein Körper, meine Seele und mein Geist sind in vollkommener Harmonie.
Ich fühle mich frisch und tatkräftig.

Alternative Formulierung

Es geht mir mit jedem Tag in jeder Beziehung besser und besser – ich spare mit jeder Woche mehr und mehr Tabletten/Injektionen ein, mein Blutzuckerspiegel normalisiert sich immer mehr.
Meine Essensgewohnheiten richte ich auf dieses Ziel aus.
Aufregungen können mir nichts mehr anhaben. Ich freue mich jedes Mal im Voraus auf ein gutes Laborergebnis, das meinen Therapeuten überrascht.
Ich weiß, dass meine Bauchspeicheldrüse auch ohne zusätzliche Medikamente die notwendige Insulinmenge erzeugen kann, damit ich mich wohlfühle.

Ich weiß, was ich mir zutrauen kann, welche Ernährung mir zuträglich ist.
Ich bin genau informiert und ich bin glücklich, die erlernte Psychohygiene für meinen Körper und Geist immer wieder anwenden zu können.
Ich lerne immer besser, das richtige Maß, den Heil bringenden Maßstab für mich und meine Umwelt anzuwenden.
Dadurch bleibe ich ausgeglichen und gelassen, meiner Umwelt und mir selbst treu – ich bleibe abwehrstark und gesund.

Einstellung des Blutzuckerspiegels

Ich stelle mir jetzt einen kleinen Fluss vor.
Ich sehe den Fluss ganz deutlich vor mir, mit seinen Ufern, seinem Flussbett und mit dem Wasser darin.
Ich stelle mir vor, die Höhe des Wasserspiegels in diesem Fluss gibt die Höhe meines Blutzuckerspiegels an.
Wenn das Wasser sehr hoch steht in meinem Fluss, ist auch mein Blutzucker hoch.
Und wenn sich kaum noch Wasser im Flussbett befindet, ist mein Blutzucker sehr niedrig.
Das Bild von diesem Fluss prägt sich fest in mein Unterbewusstsein ein und dient mir dazu, meinen Blutzuckerspiegel zu erkennen.
Ich stelle mir meine Bauchspeicheldrüse vor.
Es ist eine wunderbar gesunde, durchblutete Drüse.
Bei jedem Atemzug strömt neue Energie durch meine Bauchspeicheldrüse, mit jedem Atemzug neue Kraft und Energie.
In dieser Drüse sehe ich tüchtige, unermüdliche Zellen.
Diese Zellen stellen viel Insulin her.
Es fällt mir sehr leicht, große Mengen Insulin herzustellen, denn ich bin gesund und stark.
Jedes Mal, wenn nun mein Blutzucker ansteigt, wie das Wasser im Fluss, und über seine Ufer zu treten droht, so wird jedes Mal etwas von dem gespeicherten Insulin ganz leicht und schnell aus den Zellen ausgeschüttet.
Ganz rasch und einfach gelangt das Insulin aus den Zellen ins Blut.
Wenn der Wasserspiegel wieder absinkt, wird immer weniger Insulin aus den Zellen ausgeschüttet.

Wenn kaum noch Wasser im Fluss ist, wenn gar schon der Grund an einigen Stellen zu sehen ist, kommt kaum noch Insulin aus den Zellen heraus.
Diese Regelung läuft immer genau und sehr exakt.
Es werden laufend große Mengen Insulin hergestellt, es gelangt aber nur dann ins Blut, wenn der Blutzucker hoch ist.
Wenn der Blutzucker absinkt, wird weniger Insulin ausgeschüttet.
So bleibt mein Blutzucker immer normal.
Mein Blutzucker bleibt immer normal hoch.
Ich bin gesund.
Mein ganzer Körper arbeitet normal.
Mein Blutzucker schwankt von nun an nie mehr.
Ich bin ganz gesund – ganz gesund.

Zusätzliche Information

Bei der Behandlung von Diabetes mit Selbsthypnose handelt es sich um eine Neueinstellung des Blutzuckers.
Ambulant sollen nur latente Diabetiker und solche mit leichtem Diabetes auf diese Weise eingestellt werden. Bei den anderen ist eine ständige Blutzuckerkontrolle erforderlich. In einzelnen Fällen erscheint es angebracht, mithilfe der Selbsthypnose eine Gewichtsreduktion, die Kapillardurchblutung und das Einhalten einer speziellen Diät zu unterstützen.

Durchblutungsstörungen

Ich fühle mich ganz wohl, ruhig und entspannt.
Alles, was ich jetzt sage, prägt sich unauslöschlich in meinem Unterbewusstsein ein, und wie unter einem inneren Drang werde ich all das, was ich jetzt von mir höre, genau befolgen, unbeirrt und in jeder Situation immer befolgen. Von nun an werde ich mich frei bewegen.

All meine Muskeln bewegen sich spielend, ganz locker, und ich spüre ganz deutlich und voller Freude, wie die Wärme des Blutes meinen Körper durchströmt.
Nichts, gar nichts hindert mein Blut, all meine Glieder zu durchströmen.
Ich fühle mich fortan ganz wohl, auch vor dem Einschlafen.
Meine Füße sind ganz locker, meine Zehen vollkommen beweglich, auch am Tage.
Mein Kopf ist leicht und frei, meine Augen sehen klar und ich freue mich über mein Erinnerungsvermögen.
Beschwingt, elastisch und gerade gehe ich nun meinen Weg.
Ich fühle mich vollkommen glücklich, beweglich und frei.

Alternative Formulierung

Ich spüre, wie mein Körper warm wird.
Mit jedem Atemzug spüre ich immer mehr Wärme in meinem Körper aufsteigen.
Ein Wohlbefinden durchfließt meinen Körper, meine Arme, Hände, Beine und Füße. (Wiederholen)
Ich spüre die wohltuende Wärme und ein angenehmes Kribbeln durch die bessere Durchblutung. (Wiederholen)
Wenn ich nachher wach bin, spüre ich ein allgemeines leichtes Gefühl, und ich kann mich ganz frei bewegen.
Nichts stört mich in meinem Bewegungsablauf.
Von Tag zu Tag werden meine Glieder immer beweglicher, und ich fühle mich gesund.
Ich spüre mit jedem Atemzug, wie frische Energie jede kleinste Zelle meines Körpers durchfließt. (Wiederholen)

Dysurie, nervös bedingt

Jedes Mal, wenn ich am Morgen aufwache, gehe ich zur Toilette.
Ich bin dann ganz entspannt und gelöst.
Niemand und nichts kann mich dabei stören.
Ich konzentriere mich nur auf dieses wunderbare Gefühl der Ruhe und Entspannung.
Ich spüre, wie sich meine Muskeln sofort entspannen und sich die Blase vollkommen schmerzfrei entleert.
Auch wenn ich auswärts auf die Toilette gehe, bin ich sofort entspannt und ruhig.
Weder die neue Umgebung noch die Menschen können mich davon abhalten, ganz frei und entspannt zu sein.
In diesem angenehmen Gefühl der Ruhe und Gelassenheit spüre ich, wie sich meine Muskeln entspannen und lockern.
Die Blase entleert sich dann völlig und ohne jede Verzögerung.
Der Bauch ist nachher ganz weich, und ich fühle mich heiter und gelöst.
Ich bin froh und glücklich über den Sieg über mich selbst.
Am Abend, bevor ich schlafen gehe, bin ich völlig entspannt und gelöst, denn meine Blase funktioniert perfekt.
Ich schlafe die ganze Nacht ruhig und tief bis zum Morgen.

Entbindung

Ich liege ganz ruhig und bequem und bin völlig gelöst und entspannt.
Alle Muskeln sind locker, meine Nerven vollkommen entspannt.
Ich fühle mich ganz wohl.

Nichts kann meine Ruhe stören.
Ich konzentriere mich jetzt nur noch auf meine Atmung und spüre, wie es mich atmet.
Mein Atem geht ganz ruhig und gleichmäßig – ganz ruhig und gleichmäßig.
Jedes Mal, wenn ich ausatme, spüre ich, wie ich noch tiefer in ein wunderbares Gefühl der Ruhe und Geborgenheit sinke.
Die Ruhe hüllt mich ein wie ein schützender Mantel.
Ich fühle mich ganz wohl und geborgen.
Jedes Mal, wenn ich ausatme, sinke ich noch tiefer – immer tiefer in dieses wunderbare Gefühl der Ruhe und Geborgenheit.

Pause

Ich spüre diese Ruhe und öffne mich ganz den folgenden Suggestionen.
Ganz weit öffne ich mich, und die folgenden Suggestionen prägen sich ganz tief in mein Unterbewusstsein ein.
Jedes Mal, wenn ich mich hinlege und dabei in meine rechte Hand schaue, sinke ich sofort in einen wohligen Zustand der Ruhe und Geborgenheit. Es genügt, dass ich mich hinlege und einmal in meine Hand schaue.
Sofort entspannen sich alle meine Muskeln.
Meine Nerven sind dann ganz ruhig und ich versinke in einen angenehmen schläfrigen Zustand der Müdigkeit und Schwere.
In diesem angenehmen Zustand fühle ich keine Schmerzen, ich fühle mich ganz wohl.
Wenn dann bei der Geburt eine Wehe kommt, versinke ich dadurch noch tiefer in diesen angenehmen Ruhezustand und fühle mich ganz wohl.
Mit jeder Wehe vertieft sich dieser angenehm schläfrige Zustand noch mehr und ich fühle mich ganz wohl.
Nichts ist wichtig.
Alles ist ganz weit weg.
Ich fühle mich unsagbar wohl in diesem Zustand.
Ich weiß, ich bin in guten Händen.

Pause

Ich fühle mich unsagbar wohl und freue mich auf die Geburt.
Ich kann es kaum erwarten.
Alles ist gut.
Es hat sich unauslöschlich in mein Unterbewusstsein eingeprägt.
Sobald ich in meine rechte Hand schaue, versinke ich sofort wieder in diesen angenehm schläfrigen Entspannungszustand und bin völlig frei von Schmerzen.
Es genügt, wenn ich einmal in meine rechte Hand schaue, und sofort verschwindet jeder Schmerz, und ich fühle mich ganz wohl.
Sobald ich in meine rechte Hand sehe, bin ich ganz heiter und gelöst und fühle mich ganz wohl.

Pause

Dieser wunderbare Ruhezustand wird von Mal zu Mal tiefer – immer tiefer.
Jedes Wort hat sich in mein Unterbewusstsein eingeprägt, und ich werde immer danach handeln.
Gleich werde ich bis 3 zählen.
Dann öffne ich wieder meine Augen und fühle mich voller Kraft und Energie, ganz frisch und wohl.
1 – 2 – 3. Arme und Beine sind jetzt wieder ganz locker und leicht und ich fühle mich frisch und wohl.
Ich fühle mich ganz frisch und wohl.

Erfolg, Erfolgsformeln

Ich will und werde immer Erfolg haben.
Ich will erfolgreich sein, immer erfolgreich sein.
Ich schreite von Erfolg zu Erfolg.
Von Erfolg zu Erfolg, jeden Tag einen Erfolg.
Ich werde erfolgreich sein, ich werde meine Ziele erreichen.
Ich bin auf Erfolg programmiert.

Ich glaube an meine Tatkraft.
Ich habe Vertrauen zu mir selbst, starkes Vertrauen.
Durch Selbstvertrauen zum Erfolg, immer zum Erfolg.
Ich weiß, dass ich größere Leistungen vollbringen kann.
Durch Leistung zum Erfolg.
Ich werde meine Ziele erreichen.
Ich denke klar, klare Gedanken führen zum Erfolg.
Großartige Erfolge krönen mein Werk.
Ich tue alles für den Erfolg, darum werde ich Erfolg haben.
Ich glaube an meinen Erfolg – fest und zuversichtlich.

Stärkung des Selbstvertrauens

Ich bin in meinem Beruf sehr erfolgreich.
Ich gelte in meiner Branche als Spezialist.
Ich und meine Familie sind gesund, absolut gesund.
Ich weiß es.
Die Umwelt bewundert mich darum.
Ich weiß, dass meine Erfolge, die Gesundheit und mein glückliches Familienleben das seelische Gleichgewicht fördern.
Ich werde seelisch immer stärker, immer stärker.
Ich werde seelisch immer stärker, und so ergibt es sich, dass ich mich mehr und mehr allen Lagen des Lebens gewachsen fühle.
Ich mache deshalb immer das Rechte zur rechten Zeit.
Meine Erfolge werden wachsen.
Wirtschaftlich, körperlich und seelisch.
Es geht mir ausgezeichnet, immer besser und besser.
Meine Erfolge werden wachsen, wirtschaftlich, körperlich und seelisch.
Herrlich ist mein Leben.
Ich weiß es.
Ich bin auf dem besten Wege, der glücklichste Mensch auf dieser herrlichen Welt zu werden.

Alternative Formulierung

Meine Willenskraft wächst und wird von Tag zu Tag stärker.
Ich kann – wenn ich will.
Ich sehe mein großes, schönes Ziel ganz deutlich vor mir.
Immer bessere Ideen werden mir bewusst.
Ich bin voller Schwung und Begeisterung (für ... meine Arbeit).
Ich arbeite zielbewusst, rationell, mein Zeitaufwand wird geringer, doch ich leiste mehr.
Ich arbeite und lerne konzentriert.
Meine Geisteskraft steigert sich von Tag zu Tag.
Ich löse jede Aufgabe.

Alternative Formulierung

Jetzt, in diesem Zustand tiefer Entspannung, wirst du, mein Unterbewusstsein, folgende Anweisungen annehmen und mit der Kraft eines Urtriebes zur Ausführung bringen:
Ich bin fest davon überzeugt, dass, um erfolgreich zu sein, du, mein Unterbewusstsein, erst denken musst:
Ich bin ein erfolgreicher Mensch.
Ich weiß von nun an, dass der Erfolg sich einstellt, da ich meine Arbeit gern tue.
Meine gesamte Energie ist von nun an ausgerichtet auf Beharrlichkeit, Begeisterung, tägliche Leistungsfähigkeit. Ich habe Erfolg, da in dir, mein Unterbewusstsein, die Idee meines Erfolgs fest verankert ist und sich widerspiegelt in Selbstvertrauen, hinreichender Fähigkeit, Zuversicht und Optimismus.

Steigerung des Erfolgswillens

Ich will große Ziele erreichen, ich glaube felsenfest an mich, ich traue mir höchste Leistungen zu.
Dieser Glaube geht voran, er ebnet den Weg für die Leistungen.
Das ist so, weil die Leistungen aus der Seele kommen, aus dem Unbewussten, das die Quelle der großen Leistungen ist.

Die Schöpferkraft der Seele muss wachgerufen werden, und das bewirkt der Glaube an das eigene Können.
Willenskraft, Tatkraft, Fleiß, Ausdauer und Zähigkeit in allen Unternehmungen sind Früchte des Vertrauens zur eigenen Kraft.
Alle diese positiven Kräfte und Fähigkeiten rufe ich in mir wach, indem ich felsenfest an mich glaube und in diesem Glauben an meiner Entwicklung und an meinen Zielen arbeite.
Ich glaube an mich, ganz fest glaube ich an mich, ganz fest, ganz fest.
Ich glaube daran, dass auch in mir Kräfte und Fähigkeiten ruhen, die mich große Ziele erreichen lassen.
Ich glaube an meine Tatkraft, an meinen Fleiß, an meine Ausdauer und meine Zähigkeit in allem, was ich erstrebe und mir zum Ziele gesetzt habe.
Ich weiß, dass ich mich auf mich verlassen kann.
Was der Erfolg verlangt, führe ich gewissenhaft durch, halte jeden Vorsatz wie einen Eid – es gibt keine Schwäche, die mich daran hindern kann.
Ich glaube an mich, ganz fest glaube ich an mich.
Mein Wesen, mein Charakter sind zuverlässig wie ein Gesetz.
Ich weiß, dass mir höchste Leistungen möglich werden durch diese Festigkeit und Zuverlässigkeit.
Was ich mir vornehme, führe ich durch.
Ich bin standhaft, ich bin zäh, ich bin erfüllt von höchstem Vertrauen zu meiner eigenen Kraft.
Ich weiß, dass ich mich gegen alle Hindernisse durchsetzen werde, die mir den Erfolg unmöglich machen könnten.
Andere haben sich in meiner Lage behauptet und durchgesetzt; ich kann es ebenfalls.
Ich erreiche, was ich will, mein Vertrauen zu mir selber ist felsenfest und unbeirrbar, unbeirrbar und felsenfest – unbeirrbar – felsenfest.

Erweckung und Steigerung der schöpferischen Kräfte

Ich will schöpferisch tätig sein.
Ich bin schöpferisch … ich bin erfüllt von Schöpferkraft …
Die Kraft meines Geistes wächst … mein Geist ist klug …
Meine geistige Aufnahmefähigkeit steigert sich mehr und mehr.
Ich denke folgerichtig, ich denke logisch.
Mein Geist wird immer reger und schöpferischer.
Ich kann mich konzentrieren, Konzentration ist wichtig.
Immer mehr Ideen steigen in mir auf – mein Unterbewusstsein arbeitet intensiver.
Mein Gedächtnis wird immer besser und besser.
Meine Gedächtniskraft steigert sich von Tag zu Tag.
Ich kann mich auf mein Gedächtnis verlassen.

Gesundheit und Lebenskraft

Ich bin jetzt ganz entspannt.
Ich spüre, wie mein Herz immer gleichmäßiger und ruhiger schlägt.
Mein Kreislauf und meine anderen Organe arbeiten jetzt ganz harmonisch.
In meinem Inneren schwingen Gesundheit und Lebenskraft.
Nur noch Gesundheit und Lebenskraft schwingen in meinem Innern. Ich spüre, wie ein herrlicher Kraftstrom mich durchpulst.
Von Tag zu Tag erlebe ich mehr, wie dieser Kraftstrom jede Zelle meines Körpers mit Energie füllt.
Alle meine Organe arbeiten jetzt wunderbar harmonisch.
Ich fühle mich wohler und wohler.
Alles in mir schwingt in Harmonie.

Ich bin stets voller Energie und Lebenskraft.
Meine Gesundheit bessert sich von Tag zu Tag.
Mir geht es immer besser, immer besser, immer besser.

Förderung der körperlichen Gesundheit

Ich weiß, dass Gedanken Kräfte sind, und nutze diese Macht zur Förderung meiner körperlichen Gesundheit.
Wenn ich mich ganz konzentriert auf einen harmonischen Ablauf meiner Organtätigkeit einstelle, dann tritt diese Harmonie immer deutlicher in Erscheinung, je öfter ich mich so konzentriere.
Das ist so, weil Gedanken Kräfte sind, und diese Macht nutze ich – diese Macht nutze ich.
Ich bilde und erlebe in mir das geistige Urbild des ganz und gar gesunden Menschen.
Dieses Urbild ist der Anfang meiner Gesundheit.
Ich denke es immer deutlicher, immer klarer, immer beseelter – und was ich denke, wird Wirklichkeit, wird ganz bestimmt Wirklichkeit.
Alles Schwache und Kranke verlässt mich, weil jetzt in meinem Innern Gesundheit und Lebenskraft schwingen.
In meinem Urbild gibt es keine kranke Stelle, allein Gesundheit, nur Gesundheit.
Ich lebe auf und fühle mich immer wohler.
Ein herrlicher Kraftstrom durchpulst mich und erfüllt alle Nerven und Organe.
Das Urbild der Gesundheit verdichtet sich in mir und wird immer mehr Fleisch und Blut.
Aus dem Gedankenbild wird Wirklichkeit – greifbare Wirklichkeit.
Es ist wie ein Wunder, das sich vollzieht, und doch ist alles ganz natürlich.
Gedanken sind Kräfte: Ich denke Gesundheit, und darum werde ich gesund.
Das muss so sein; das ist so, weil starke Gedanken Macht haben und sich auf alle Nerven und Organe auswirken.
Was ich konzentriert denke, wird Wirklichkeit.
Ich denke Gesundheit, und darum werde ich gesund, ja, ganz gesund, ganz gesund.
Mein starkes Denken hält das Urbild der Gesundheit fest.

Dieses Urbild zeigt, wie alle Organe in mir ganz wunderbar harmonisch arbeiten.
Indem ich mir diese Harmonie immer deutlicher ausmale und immer lebendiger erlebe, tritt eine Beeinflussung aller Nerven und Zellen ein.
Darum werde ich gesund – ganz gesund – ganz gesund.

Formeln für ein Leben ohne Krankheit und Schmerz

Jeder Teil meines Körpers, jedes Organ und jede Zelle sind geladen mit Lebenskraft, Gesundheit und Energie.
Ich bilde und erlebe in mir das geistige Bild vollkommener Gesundheit, Tag für Tag, denn nur die Kraft meines Geistes kann meinen Körper heilen oder regenerieren.
Ich atme die Lebenskraft, sie strömt fühlbar in mich ein, verteilt sich auf meinen ganzen Körper, macht mich gesund und widerstandsfähig.
Von Tag zu Tag werde ich jünger und immer jünger, gesünder und immer gesünder, vitaler und immer vitaler.
Universelle Heilkraft atme ich ein (langsam einatmen); universelle Heilkraft durchströmt meinen Körper (Atem anhalten); universelle Heilkraft halte ich in meinem Körper fest (langsam ausatmen).
Meine Sehkraft (oder mein Gehör) bessert sich von Tag zu Tag.
Die allmächtige universelle Heilkraft in mir macht mich körperlich, geistig und seelisch gesünder von Tag zu Tag.
Ich erzeuge in meinem Innern eine Energie, die alle krankmachenden Bazillen und Bakterien abtötet.
Ich richte meine Erwartung und meine Hoffnung vertrauensvoll auf meine vollkommene Genesung.
Ich steigere meine Genesung aufs Höchste.
Ich habe den unerschütterlichen Glauben, dass ich mich selbst heilen kann.
Mein Geist kann mit der ihm eigenen Odkraft durch Willensenergie das durch Krankheit geschwächte Od meines Körpers stärken und mich gesund machen.
Durch die Harmonie meines wahren Wesens anerkenne und verwirkliche ich vollkommene Gesundheit in jeder Zelle und in jedem Organ meines Körpers, jetzt und für immer.

Ich bin eins mit dem unendlichen Geist des Lebens und kann meiner Natur nach gar nicht krank werden.
Ich öffne meinen Körper, in den eine Krankheit eingetreten ist, völlig dem fließenden Strom des unendlichen Lebens.
Jetzt, in diesem Augenblick, strömt er herein, durchflutet meinen Körper, und der Prozess der Heilung läuft.
Alle meine Organe, besonders … (hier wird das erkrankte Organ genannt), arbeiten harmonisch.
Lebenskraft durchströmt mich und erfüllt jede Zelle auf besondere Weise.
Ich denke Gesundheit, darum werde ich (bin ich) ganz gesund und bleibe gesund.
Mein Kreislauf ist normal, ganz normal, ich habe keine Beschwerden. In meinem positiven Denken besitze ich eine heilende Kraft, die meine Gesundheit wiederherstellen und erhalten kann.
Ich denke unablässig an meine Gesundheit und verwirkliche damit meine rasche Heilung.

Gesundheitsformeln, Organformeln

Ich fühle mich von Tag zu Tag und in jeder Hinsicht immer besser und besser.
Mein Wohlbefinden wächst von Tag zu Tag.
Ich fühle mich immer frischer und kräftiger.
Mein Wille zur Gesundheit wird immer stärker und machtvoller.
Ich fördere meine Gesundheit nach allen Kräften.
Ich fühle mich gesund und frisch, gesund und frisch.
Ich fühle mich kraftvoll, so kraftvoll, urgesund. Ich spüre, wie ich mich täglich gesünder und frischer fühle.
Ich lebe auf und fühle mich immer wohler.
Meine Nerven werden von Tag zu Tag stärker. Meine Nervenkraft wächst und wächst.
Alle Nervenzentren in mir arbeiten immer besser und besser.
Meine Nerven gesunden, alle Verkrampfungen lösen sich.
Meine Nerven gesunden, alle Spannungen lösen sich.
Meine Nerven erstarken – stark sind meine Nerven.
Alle Drüsen und Organe arbeiten vorzüglich.
Die Hormone durchströmen Heil bringend meinen Körper.

Alle Hormonsysteme arbeiten harmonisch zusammen.
Mein Herz schlägt ruhig und gleichmäßig.
Mein Herz wird immer kräftiger, immer kräftiger.
Mein Herz arbeitet ganz ruhig und gleichmäßig.
Mein Herz und mein Kreislauf arbeiten immer gleichmäßiger.
Mein Magen und meine Verdauungsorgane arbeiten alle bestens.
Mein Magen und meine Verdauungsorgane arbeiten vorzüglich.
Der Magen ist ganz ruhig, warm und schmerzfrei.
Mein Magen verarbeitet alle Speisen allerbestens.
Mein Magen arbeitet ganz ruhig und regelmäßig.
Mein Magen behält die Speisen gern.
Das Essen und Trinken bekommen mir gut.
Der Darm arbeitet pünktlich und ruhig.
Meine Entleerung geschieht eine halbe Stunde nach dem Aufstehen.
Mein Leib bleibt ganz ruhig und warm.
Galle und Leber sind strömend warm, sie arbeiten sehr gut.
Die Galle ist ganz ruhig und warm.
Die Galle bleibt ganz ruhig, warm und schmerzfrei.
Leber, Galle, Nieren und Blase arbeiten geregelt und störungsfrei.
Meine Nieren sind strömend warm. Mein Gehirn ist gut durchblutet.
Mein Kopf bleibt ganz ruhig und schmerzfrei.
Mein Kopf ist klar – so klar.
Meine Lungen füllen sich mit Sauerstoff, mit herrlichem, frischen Sauerstoff.
Ich kann frei atmen – frei und voll durchatmen.
Es atmet mich … es atmet mich.
Meine Atmung ist ganz ruhig und gleichmäßig.
Meine Atmung ist ruhig und leicht.
Meine Atmung ist ruhig, leicht und frei.
Mein Atem geht leicht und gleichmäßig.
Mein Atem fließt von selbst, jegliche Atembeschwerden sind ganz gleichgültig.
Ich atme Gesundheit – ich atme Gesundheit.
Ich denke und atme Gesundheit, darum werde ich gesund.
Ich atme mich gesund – ich atme mich gesund.
Ich denke, dass ich gesund bin, darum werde ich gesund bleiben.

Jungbrunnen Gesundheit

Ich bin ganz ruhig.
Ich schließe jetzt meine Augen und entspanne mich völlig.
Nichts kann mich stören – nichts ist wichtig.
Alle Muskeln sind locker.
Meine Nerven sind völlig entspannt.
Ich spüre, wie ich mich mehr und mehr vom Alltag löse, und ich gebe mich ganz dieser wohltuenden Entspannung hin.
Ich fühle mich ganz wohl und konzentriere mich jetzt nur noch auf meine Atmung.
Mein Atem geht ruhig und gleichmäßig.
Ich spüre, wie es mich atmet.
Jedes Mal, wenn ich ausatme, lasse ich mich noch tiefer sinken, mit jedem Atemzug tiefer, in ein wunderbares Gefühl der Ruhe und Geborgenheit.
Ich gebe mich ganz diesem Gefühl des Gelöstseins hin.
Diese wunderbare Ruhe und Geborgenheit hüllt mich ein wie ein schützender Mantel.
Ich fühle mich unsagbar wohl.
Nichts ist mehr wichtig.
Ich lasse mich einfach treiben.
Alle Probleme lösen sich in nichts auf.
Ich bin frei, ich bin völlig frei und fühle mich unsagbar wohl.
Meine Ruhe ist ganz tief und fest, und ich öffne mich ganz den folgenden Suggestionen:
Ich bin vollkommen ruhig – ganz gelöst.
Ein wunderbares Gefühl des Friedens und der Harmonie breitet sich in mir aus und erfüllt mich ganz.
Nichts anderes ist wichtig.
Ich gebe mich ganz diesem wunderbaren Gefühl des Friedens und der Harmonie hin und bin aus tiefstem Herzen glücklich.
Ich bin aus tiefstem Herzen glücklich und fühle mich in meiner Situation ganz wohl.
Ich fühle mich in meiner Situation ganz wohl und schaue frohen Herzens in die Zukunft.
Ich blicke frohen Herzens in die Zukunft, denn ich weiß, dass mich noch viele schöne Erlebnisse erwarten.

Mein Herz schlägt ruhig und gleichmäßig – ganz ruhig und gleichmäßig.
Mein Kreislauf ist stabil und meine Verdauung arbeitet perfekt.
Meine Gesundheit wird von Tag zu Tag in jeder Hinsicht immer besser und besser.
Ich bejahe meine Situation und fühle mich ganz wohl.
Mein Kopf ist leicht, Nacken und Schultern sind angenehm locker und entspannt.
Ich empfinde diese wunderbare Entspannung in meinem ganzen Körper.
Ich habe einen gesunden, natürlichen und erholsamen Schlaf, und schlafe jede Nacht tief und fest durch.
Jeden Morgen erwache ich frisch und erholt und freue mich auf den neuen Tag.
Meine Gesundheit festigt sich von Tag zu Tag, dabei werde ich immer schlanker.
Ich werde immer schlanker, und ich bin dankbar und glücklich, dass es mir so gut geht.
Es geht mir von Tag zu Tag in jeder Hinsicht immer besser und besser – immer besser.
Ich fühle mich ganz wohl.
Meine Haut strafft sich und ich sehe von Tag zu Tag blühender aus.
Ich sehe immer blühender aus, und ich fühle mich von Tag zu Tag jünger.
Ich spüre, wie ich immer jünger werde – ich werde jünger und schlanker.
Eine neue, unbekannte Energie durchströmt mich, und ich löse mit Freuden die Probleme, die auf mich zukommen.
Nichts kann mich mehr aufhalten, ich habe endlich mein Schicksal selbst in die Hand genommen und gestalte es nach meinen Wünschen.
Ich gestalte mein Leben nach meinen Wünschen und bin aus tiefstem Herzen froh und glücklich.

Pause
Ich empfinde noch einmal diese wunderbare Entspannung, die meinen ganzen Körper erfüllt, und ich empfinde diese angenehme Entspannung von Tag zu Tag mehr.

In diesem angenehmen Zustand der Ruhe und Entspannung hat sich jede Zelle meines Körpers mit frischer Kraft gefüllt: Ich bin voller Kraft und Energie.
Ich fühle mich ganz wohl.
Gleich werde ich bis 3 zählen.
Dann öffne ich wieder meine Augen und bin frisch und munter.
1 – 2 – 3.
Augen auf.
Arme und Beine sind jetzt wieder ganz locker, leicht und frei beweglich.
Ich bin voller Kraft und Energie und fühle mich ganz frisch und wohl.
Ich fühle mich ganz frisch und wohl.

Gewichtsreduzierung

Ab sofort nehme ich jede Woche zwei Pfund ab.
Ich fühle mich dabei ganz wohl und solange ich meine Stimme höre, nehme ich jede Woche zwei Pfund ab.
Ich habe keinen Appetit mehr.
Essen ist mir völlig gleichgültig, ganz uninteressant.
Ich esse nur noch zu den Mahlzeiten eine Kleinigkeit und bin dann sofort völlig satt.
Zwischen den Mahlzeiten und nach dem Abendbrot esse ich ab sofort überhaupt nichts mehr, und ich nehme jede Woche zwei Pfund ab – solange ich dieses Band höre, nehme ich jede Woche zwei Pfund ab.
Ich fühle mich dabei ganz wohl.
Meine Gesundheit festigt sich von Tag zu Tag.
Ich werde immer schlanker und fühle mich dabei ganz wohl.
Es geht mir von Tag zu Tag in jeder Hinsicht immer besser und besser.
Ich werde immer schlanker, und es erfüllt mich mit Freude und Zuversicht, wie ich mich immer mehr meiner Idealfigur – meinem Idealgewicht nähere.

Ich sehe mich bereits vor meinem geistigen Auge als schlanken, gesunden und vitalen Menschen.

Spezielle Suggestionen

Ich halte mich strikt an den von mir aufgestellten Essensfahrplan und fühle mich dabei ganz wohl.

Spezielle Suggestionen

Ich nehme jede Woche an Gewicht ab; besonders an den Hüften und an den Oberschenkeln werde ich immer schlanker.

Spezielle Suggestionen

Ich spüre einen starken Widerwillen gegenüber … (Alkohol/Süßigkeiten/Kuchen usw.), der immer stärker wird.
Jedes Mal, wenn ich … sehe, verstärkt sich mein Widerwille noch mehr.
Ab sofort esse ich keine (kaum noch) … mehr, und ich fühle mich dabei wohl.
Ich nehme jede Woche zwei Pfund ab – solange ich dieses Band höre, nehme ich jede Woche zwei Pfund ab und ich fühle mich dabei ganz wohl.

Spezielle Suggestionen

Meine Verdauung arbeitet perfekt, mein Herz schlägt ruhig und stark.
Mein Kreislauf ist stabil.
Ich fühle mich in jeder Situation ganz wohl.
Meine Sicherheit und mein Selbstvertrauen wachsen von Tag zu Tag.
Es geht mir von Tag zu Tag in jeder Hinsicht immer besser und besser.

Alternative Formulierung

Jetzt, in diesem Zustand tiefer Entspannung, wirst du, mein Unterbewusstsein, folgende Anweisungen annehmen und mit der Kraft eines unwiderstehlichen Triebes, selbst gegen innere Hemmungen, zur Ausführung bringen:
Ich wünsche von heute an bis auf ein Gewicht von ... Kilo abzunehmen.
Von Tag zu Tag werde ich es leichter und leichter finden, trotz geringer Nahrungsaufnahme stets satt zu sein.
Ich reduziere allmählich von Tag zu Tag meine Nahrungsaufnahme.
Es wird mir immer leichter und leichter fallen, etwas weniger als tags zuvor zu essen.
Ich werde täglich nur jene Nahrungsmittel essen, die mir Freude machen und die einen hohen Proteingehalt haben.
Ich werde bald täglich mit 1000 Kalorien zufrieden, und mein Hunger wird damit vollkommen gestillt sein.
Ich werde es von Tag zu Tag immer leichter finden, nur 1000 Kalorien pro Tag zu mir zu nehmen.
1000 Kalorien pro Tag sind in der Tat mehr als genug.
Ich werde pro Woche drei bis fünf Pfund Gewicht verlieren.
Am Ende einer Woche stelle ich jedes Mal mit Freuden die Abnahme meines Gewichtes fest, und ich bin stolz auf meine äußere Erscheinung.
Die überflüssigen Pfunde schmelzen gleichsam von Woche zu Woche von jenen Teilen meines Körpers weg, die zu dick sind.
In kurzer Zeit werde ich ohne Mühe und Anstrengungen das gewünschte Gewicht von ... Kilo erreicht haben.
Ich sehe mich bereits vor meinem geistigen Auge schlank und von gutem, gesundem äußeren Aussehen.

Alternative Formulieung

Es macht mir Freude, weniger zu essen.
Es macht mir überhaupt nichts aus, weniger zu essen.
Ich fühle mich dabei wohl, zufrieden und glücklich.
Ich schaffe es spielend leicht, weniger zu essen.
Ich kann ab sofort das Essen so regulieren, dass ich so schlank werde und auch bleibe, wie ich es wünsche.

Zusätzliche Information

Projizieren Sie in Ihr Unterbewusstsein das Bild von schlankem und gesundem Aussehen. Sie können ein früheres Foto, das Sie schlank zeigt, zur Hilfe nehmen und sich dieses Bild vor der Einleitung der Selbsthypnose lange und eindringlich ansehen.
Die Ursache für übertriebene Esslust und demzufolge unerwünschte Gewichtszunahme liegt oft im seelischen Bereich. Häufig reagieren Menschen auf diesem Weg innere Spannungen ab. So kann die Unterdrückung feindlicher Gefühle, der Schmerz über den Tod eines lieben Angehörigen oder irgendeine andere Enttäuschung indirekt der Grund für Fettleibigkeit sein.

Gleichgewichtsstörungen

Ich bin ganz ruhig und gelassen.
Ich fühle mich vollkommen sicher und gehe gerade und ganz zielbewusst.
Hilfe ist nicht nötig – ich gehe vollkommen sicher, gerade, ruhig und gelassen.
Meine Augen schauen ruhig und fest.
Die Beine bewegen den Körper vollkommen sicher, ganz gerade, fest und voller Kraft.
Ganz zielbewusst, wohin ich will.
Mein Gang ist sicher, mein Schritt ist fest.
Alles, was ich sage, dringt ganz tief in mein Unterbewusstsein, prägt sich dort unauslöschlich ein, und ich werde ganz strikt danach handeln.
Meine Gesundheit festigt sich von Tag zu Tag.
Mein Herz schlägt ruhig und gleichmäßig, mein Kreislauf ist stabil.
Ich bin voller Mut, Sicherheit und Selbstvertrauen, in jeder Situation.
Ich bin und bleibe vollkommen ruhig, ganz sicher und ganz gelassen.

Ich bin im Gleichgewicht.
Alles befindet sich im Gleichgewicht.
Mein Gang ist sicher, mein Schritt ist fest.
Ich gehe frei und sicher überallhin, wohin ich will.
Hilfe ist nicht nötig.
Ich bin ruhig und gelassen.
Ich gehe frei und ohne Hilfe über die Straße, einkaufen, spazieren, bergab und bergauf – mit festem Schritt, sicherem Gang, wohin ich will, ruhig und gelassen.

Hemmungen beseitigen, Kontaktfähigkeit, Lebenserfolg

Die Macht froher positiver Gedanken erfasst mein Inneres.
Alles Ängstliche meines Wesens, alles Drückende verschwindet und macht einer zuversichtlichen Stimmung Platz.
Alle Hemmungen und Nervosität weichen von mir, alle Hemmungen, alle Störungen.
Ich fühle, ich werde frei, frei von jeder Angst, von jeder Furcht, von jeder Hemmung.
Meine Brust weitet sich, und ich werde ganz mit froher Zuversicht erfüllt.
Ich freue mich, dass alle Hemmungen weichen und alle Nervosität verschwindet.
Alles Beengende wird verdrängt durch eine starke Lebensbejahung.
Ein Gefühl großer Sicherheit erwacht und durchpulst mit wunderbarer Wirkung meinen ganzen Körper.
(Tief atmen)
Ich freue mich und gebe mich ganz dem Gefühl hin, dass ich Herr bin über alle Hemmungen.
Ich habe keinen Grund zur Angst oder Furcht, denn ich meistere jede Situation – jede Situation durch meine seelische Kraft.
Und jeden Tag besser, jeden Tag besser.
Ich habe nur Gedanken der geistigen Freiheit.

Es gibt nichts, das mich niederdrücken könnte.
Angst und Furcht verlassen mich.
Ich dulde nur frohe Gedanken in meinem Bewusstsein. Jeden Tag fühle ich mich freier von Hemmungen.
Ich fühle deutlich, dass ich frei werde, ganz frei – ganz frei von allen Störungen meines seelischen Lebens.
Ich kenne keine Furcht und Angst mehr.
Ich freue mich, dass ich frei werde, ganz frei von allen Hemmungen – und jeden Tag mehr, jeden Tag mehr.
Jeden Tag werde ich freier, ganz frei werde ich – ganz frei, ganz frei.

Die Macht des freien Blicks

Immer wenn ich spüre, dass mein Blick unsicher und befangen wird, werde ich sofort ganz ruhig und gelassen.
Alle Verkrampfungen lösen sich, jede Befangenheit fällt von mir ab.
Der Blick wird sofort frei und klar, selbstsicher und voller Selbstvertrauen.
Mein Blick strahlt von Tag zu Tag immer mehr Selbstsicherheit, Mut und Selbstvertrauen aus.
Ich sehe jedem Menschen frei, offen und selbstsicher in die Augen.
Wenn ich Menschen gegenübertrete, in deren Gegenwart ich mich bisher gehemmt fühlte, dann werde ich jetzt immer sofort ganz ruhig und gelassen.
Mein Blick ist sofort frei und sicher.
Ich werde mit einem freien Blick jede Situation meistern.
Mit einem freien und selbstsicheren Blick hinterlasse ich bei meinen Mitmenschen einen bleibenden Eindruck.

Frei von Erröten

Ich bin vollkommen ruhig.
Mein Selbstvertrauen stärkt sich von Tag zu Tag.
Beim Umgang mit Menschen bin ich ganz ruhig, voller Selbstvertrauen.
Ich bin und bleibe vollkommen ruhig – voller Selbstvertrauen – in jeder Situation.

Ich habe keinen Grund mehr, zu erröten.
Mein Kopf bleibt ganz kühl – angenehm kühl.
Wenn ich je wieder erröten will, geht das Blut in die Beine – und nicht in den Kopf.
Das Blut kann mir nicht in den Kopf steigen.
Mein Gesicht bleibt ganz ruhig, kühl.
Erröten ist ganz gleichgültig.
Die Ohren bleiben ganz kühl.
Die Wangen sind angenehm kühl.
Ich bin und bleibe vollkommen ruhig.

Alternative Formulierung

Jedes Mal, wenn ich das Gefühl habe zu erröten, werde ich sofort ganz ruhig und gelassen.
Alle Anspannungen und Verkrampfungen lösen sich sofort. Ich fühle mich ganz gelöst und entspannt.
Mein Kopf bleibt kühl und klar.
Immer wenn ich das Gefühl habe zu erröten, werde ich sofort ganz selbstsicher, voller Selbstvertrauen und heiterer Zuversicht.
Meine Gedanken fließen frei und ungehemmt.

Frei von Schüchternheit und Sprechangst

Ich bin immer ruhig und gelassen, gelöst und entspannt.
Immer wenn ich in Situationen komme, in welchen Hemmungen auftraten, bleibe ich ruhig und gelassen.
Ich trete allen Menschen frei, selbstsicher und ungezwungen gegenüber.
Mein Blick ist frei und fest.
Ich spreche immer ruhig und gelassen, selbstsicher, gefühlvoll und mit Ausdruck.
Mein Selbstvertrauen wächst von Tag zu Tag.
Ich bekomme ein unerschütterliches Selbstvertrauen.
Ich erlebe immer mehr Befriedigung und Lebensfreude.

Kontaktfreudig werden

Ich bin vollkommen ruhig.
Mein Selbstvertrauen wird von Tag zu Tag stärker.
Beim Umgang mit anderen Menschen bin ich ruhig – voller Selbstvertrauen.
Ich bin und bleibe vollkommen ruhig – voller Selbstvertrauen – in jeder Situation.
Zu anderen Menschen, auch in fremder Umgebung, finde ich einen angenehmen Kontakt.
Durch mein freundliches und aufgeschlossenes Wesen fällt es mir leicht, mit anderen Menschen Kontakt zu bekommen.
Ich komme ins Gespräch.
Ich finde in Zukunft eine ganz neue Einstellung zum Leben, zu meinen Mitmenschen (meinem Partner) – voll Ruhe und Selbstvertrauen.
Ich sage offen meine Meinung, wenn mir etwas nicht gefällt.
Ich halte meine Meinung nicht mehr zurück.
Ich werde nachsichtiger mit anderen Menschen, was mir ganz wunderbar gelingt.
Es fällt mir dadurch leicht, Kontakte zu anderen Menschen herzustellen.
Ein ganz neues Leben beginnt für mich: voll Ruhe und Selbstvertrauen.
Ich gehe aus mir heraus.
Ich gebe meine Zurückhaltung auf.
Ich gehe in Zukunft ganz aus mir heraus – ich zeige meine Gefühle.
Ich öffne mich für andere Menschen (Partner).
Ich versuche, meinen Partner zu verstehen, auf ihn einzugehen. Es macht mich glücklich, ihn zu beglücken.
Ich blicke und gehe voll Ruhe und Selbstvertrauen in die Zukunft.
Die Vergangenheit liegt weit hinter mir – hat keinen Einfluss mehr.
Ich schaue nur noch nach vorne – voll Ruhe und Selbstvertrauen.
Die Vergangenheit ist ohne Einfluss – erledigt.
Auch zu Männern/Frauen finde ich genauso gut Kontakt.
Man spricht gerne mit mir.
Ich kann mich angeregt unterhalten, vollkommen ruhig, ganz leger und voller Selbstvertrauen.

Alternative Formulierung

Ich trete anderen Menschen stets frei und selbstsicher gegenüber.
Ich bin dabei ruhig und gelassen, gelöst und entspannt.
Die Kontakte mit anderen Menschen machen mir Freude.
Mein Selbstwertgefühl steigt von Tag zu Tag in jeder Hinsicht.
Ich kann andere Menschen beeindrucken und überzeugen und so deren Sympathie gewinnen.
Mein Wunsch nach zwischenmenschlichen Kontakten wird von Tag zu Tag größer.
Ich werde immer kontaktfähiger und kontaktfreudiger.
Ich erlebe dadurch immer mehr Befriedigung und Lebensfreude.

Leistungen verbessern

Meine Ruhe ist ganz tief und fest.
Nichts kann mich stören – nichts ist wichtig.
Ich fühle mich ganz leicht.
Meine Arme und Beine spüre ich nicht mehr.
Ich bin scheinbar körperlos und schwerelos.
Alles ist leicht und frei – alles in mir ist offen.
Ich gebe mich ganz der Wirkung der folgenden Suggestion hin.
Jedes Wort dringt dabei ganz leicht und tief in mein Unterbewusstsein, prägt sich dort unauslöschlich ein, und ich werde immer danach handeln.
Mein Herz schlägt ruhig und gleichmäßig, ganz ruhig und gleichmäßig.
Auch unter Belastung schlägt mein Herz stets ruhig und gleichmäßig.
Mein Kreislauf ist stabil.
Mein Herz ist stark, und ich fühle mich unter jeder Belastung sehr wohl.
Ich bin jeder Belastung gewachsen.
Jede Anstrengung lässt mich nur noch stärker werden.
Mein Kopf ist in jeder Situation frei und klar.
Alle Verkrampfungen sind verschwunden und kommen nicht mehr wieder.
Ich bin ganz locker und gelöst – völlig frei und bereit, jederzeit mein Bestes zu geben.

Ich empfinde, wie diese wunderbare Entspannung meinen ganzen Körper erfüllt.
Ich empfinde diese angenehme Entspannung von Tag zu Tag mehr.

Spezielle Suggestionen

Ich bemerke, wie ich meine Meinung immer besser und immer freier ausdrücken kann und wie ich mich immer besser und selbstsicherer durchsetzen kann.
Meine Willenskraft wächst und wird von Tag zu Tag immer stärker.
Mein Schlaf ist immer tief und fest – ganz tief und fest.
Jeden Morgen wache ich ganz frisch und erholt auf.
Ich freue mich auf jeden Wettkampf, weil ich weiß, dass meine Leistungen immer besser werden.
Meine Leistungen werden von Tag zu Tag immer besser.
Tiefe Freude über meine Kraft und mein Wohlbefinden durchströmt meinen Körper.
Meine Kraft wächst von Tag zu Tag.
Meine Leistungen werden immer besser.
Ich fühle mich ganz wohl.

Pause

Ich empfinde noch einmal diese wunderbare Entspannung, die meinen ganzen Körper ausfüllt.
Ich empfinde diese angenehme Entspannung von Tag zu Tag mehr.
Eine unbändige Kraft durchströmt meinen ganzen Körper.
Jede Zelle meines Körpers hat sich jetzt mit frischer Kraft gefüllt.
Ich bin voller Kraft und Energie und bereit, jederzeit mein Bestes zu geben.
Ich fühle mich so wohl wie nie zuvor.

Frauen ansprechen

Es fällt mir immer und überall ganz leicht, eine Frau anzusprechen und sich mit ihr zu unterhalten.

Ich kann mich immer und überall ungezwungen und frei mit jeder Frau unterhalten.
Dabei finde ich immer die richtigen Worte.
Immer wenn ich mit einer Frau spreche, wirken meine Stimme, mein Gesichtsausdruck und mein ganzes Verhalten frei, selbstsicher und sympathisch.
Ich bin überall ein gern gesehener Gesellschafter.

Positives Auftreten

Minderwertigkeitsgefühle sind Unsinn und meiner unwürdig. Ich bin ein ehrlicher, aufrichtiger Mensch, der jedermann frei ins Gesicht blickt und keine Hintergedanken kennt.
Diese guten Seiten meines Wesens sind ausschlaggebend für mein Auftreten, das in jeder Hinsicht vollkommen frei, gänzlich ungezwungen und sicher ist.
Schüchternheit, Ängstlichkeit und Unfreiheit weisen auf mangelndes Selbstvertrauen und Blockaden im Denken hin.
Das gibt es nicht bei mir, weil ich stets geistesgegenwärtig bin und meine Gedanken nie mit mir durchgehen lasse.
Ich denke vollkommen logisch und positiv und bin stets bemüht, die hieraus sich ergebende innere Sicherheit zu verstärken.
Unausgesetzt arbeite ich an der Steigerung meines Selbstvertrauens, indem ich mir immer stärker beweise, dass ich meine Vorsätze durchführe – dadurch, dass ich mich in allen Situationen bewähre, in denen es auf den positiven Charakter ankommt.
Es gibt überhaupt keine Veranlassung für mich, im Auftreten unsicher und gehemmt zu sein.
Ich glaube an mich, und darum kann ich mich auch behaupten.
Wer mit mir unzufrieden ist, der soll es sagen, aber beunruhigen, verängstigen oder unsicher machen lasse ich mich dadurch nicht.
Ich bin völlig sicher in meinem klaren, ruhigen, überlegten Denken.
Jedem Menschen, dem ich die Hand entgegenstrecke, teile ich gefühlsmäßig diese innere Sicherheit mit, jede Zaghaftigkeit ist mir fremd.
Ich weiß ganz genau, dass ich volles Vertrauen zu mir haben kann, ganz genauso, wie auch jeder andere Mensch es haben kann.
Es gibt keinen Grund für mich, unsicher zu sein.

Niemand kann mich beeinflussen und aus dieser Sicherheit herausbringen.
Es gibt keinen Grund unsicher zu sein, und darum bin ich frei – ganz frei und ohne Hemmungen – ganz frei und völlig sicher – ganz frei und völlig sicher.

Steigerung des Selbstvertrauens, Lebenserfolgs und sicheres Auftreten

Mein Selbstvertrauen nimmt von Tag zu Tag in jeder Hinsicht immer mehr und mehr zu.
Und ich habe auf allen Gebieten immer mehr Erfolg.
Selbstvertrauen und Lebenserfolg nehmen von Tag zu Tag immer mehr und mehr zu.
Es ist ein herrliches Gefühl, ein gesundes und starkes Selbstvertrauen zu besitzen.
Durch ein starkes Selbstvertrauen erreiche ich alles, was ich will.

Alternative Formulierung

Mein Unterbewusstsein verfügt über große Möglichkeiten. Mein Unterbewusstsein verfügt über große Kräfte.
Mein Unterbewusstsein besitzt enorme Fähigkeiten.
Deshalb vertraue ich auf mich.
Je mehr ich an mich und meine Möglichkeiten glaube, desto besser und erfolgreicher kann sich mein Unterbewusstsein entfalten.
Daher vertraue ich auf mich.
Ich vertraue auf mich.
So wie bedeutende Menschen bin auch ich zu großen Leistungen fähig.
Denn auch ich verfüge über die großartigen Möglichkeiten des Unterbewusstseins.
Daher vertraue ich auf meine Kräfte.
Deshalb vertraue ich auf meine Fähigkeiten.
Auch ich erziele damit große Erfolge.
Mit meinem Selbstvertrauen setze ich mich gegen alle Widerstände durch.

Denn ich besitze große Kräfte.
Ich vertraue auf mich.
Ich vertraue sehr stark auf mich.
Mit meinen Kräften und Fähigkeiten erreiche ich meine Ziele.
Durch mein Selbstvertrauen entfalten sich meine Kräfte und Fähigkeiten immer mehr.
Immer mehr – immer mehr.
Daher vertraue ich auf mich.
Ich vertraue auf mich.
Mein Vertrauen ist vollkommen – vollkommen – ganz vollkommen.

Alternative Formulierung

Ich bin sicher.
Ich bin mir meiner sehr sicher.
Es gibt für mich keinen Grund, im Umgang mit anderen Menschen ängstlich oder verzagt zu sein.
Ich bin ein positiver Mensch und erreiche durch meine Kräfte und Fähigkeiten sehr viel.
Ich habe anderen Menschen manches voraus.
Denn ich nutze die Möglichkeiten meines Unterbewusstseins.
Und ich wende für alle meine Ziele die Erfolgsgesetze an.

Kein Mensch vermag sich ihnen zu entziehen.
Kann ich heute nicht überzeugen, dann morgen oder später.
Daher ergreife ich immer die Initiative und nutze meine Möglichkeiten.

Diese Sicherheit prägt meine Körperhaltung.
Ich gehe aufrecht und gelöst.
Mit meiner inneren Sicherheit schaue ich anderen fest in die Augen.
Ich weiß, ich werde mich durchsetzen.
Jede meiner Bewegungen zeugt von dieser Sicherheit.
Meine Sicherheit ist unerschütterlich.
Ich bin absolut sicher – absolut sicher.
Nichts kann mir diese Sicherheit nehmen.
Ich bin absolut sicher – absolut sicher.

Denn mit den Kräften meines Unterbewusstseins bin ich anderen weit voraus – weit voraus.

Herzstörungen/ Funktionelle Herzstörungen

Ich bin nun ganz ruhig, locker und gelöst.
In diesem Gefühl gelöster Entspannung atme ich regelmäßig, ruhig, regelmäßig und ruhig.
Ich denke nur an meinen Atem, erlebe mehr und mehr das gleichmäßige Auf und Ab der Atmung, dieses beruhigende Auf und Ab.
Während dieses regelmäßigen und ruhigen Ein- und Ausatmens schlägt mein Herz gleichmäßig und ruhig.
In jeden Herzschlag hinein denke ich: „Ruhig und regelmäßig, ganz ruhig und regelmäßig."
Das Herz beruhigt sich während jedes Atemzuges mehr und mehr, wird immer ruhiger und ruhiger und schlägt regelmäßig wie der Atem.
Allmählich wird mir der Herzschlag gleichgültig, völlig gleichgültig.
Ich denke gar nicht mehr an das Schlagen des Herzens, sondern denke wieder an meinen Atem, an dieses ruhige Auf und Ab.
Mein Herz wird mir dabei völlig gleichgültig, ganz gleichgültig.

Alternative Formulierung

Sprechen Sie jetzt in Gedanken, nur in Gedanken folgende Worte mit und sehen Sie dabei die jeweilige Situation bildhaft vor sich:
Ich atme ganz ruhig, ganz tief.
Ich bin ganz entspannt.
Mein Herz schlägt ganz gleichmäßig, ganz ruhig und gelassen.
Mein Herz beruhigt sich bei jedem Atemzug.
Mein Herzschlag ist mir völlig gleichgültig, völlig gleichgültig.

Mein Herzschlag wird mir immer gleichgültiger.
Ich denke nur noch an meine Atmung.
Ich verfolge das regelmäßige Auf und Ab meiner Atmung, sodass mir der Herzschlag völlig gleichgültig wird. Meine Atmung ist ruhig und gleichmäßig.
Ich bin ganz ruhig und gelassen.
Ich selbst bin Ruhe und Gelassenheit.

Herzneurose

Mein Herz schlägt ruhig und regelmäßig, ganz ruhig und regelmäßig.
Der Kreislauf ist stabil.
Mein Herz und meine Nerven sind stark.
Die Atmung ist ganz tief und gleichmäßig.
Jedes Mal, wenn ein Problem auf mich zukommt, fühle ich mich stark und voller Optimismus.
Ich weiß, dass ich jedes Problem mit Ruhe und Gelassenheit lösen kann und nichts mich aus der Ruhe bringen kann.
Ich bleibe immer ruhig, und mein Kopf ist frei und klar.
Ich fühle mich jeder Belastung gewachsen.
Alle Verkrampfungen lösen sich, und ich schaue jedem neuen Tag mit Optimismus und Zuversicht entgegen.
In jeder Situation strahle ich Ruhe und Gelassenheit aus und fühle mich ganz stark.
Ich empfinde, wie diese Ruhe und Gelassenheit meinen ganzen Körper durchströmt und mein Herz und meine Nerven stärkt.
Mein Herz schlägt absolut schmerzfrei und regelmäßig.
Ich freue mich über mich selbst und sehe jedem Tag mit neuem Mut und neuer Kraft entgegen.
Ich fühle mich jeder Belastung gewachsen und löse das Problem mit Humor.
Es geht mir von Tag zu Tag in jeder Beziehung immer besser und besser.

Vegetative Herzbeschwerden

Ich bin unvergleichlich gelassen, gelöst und friedlich.
Alles ist in mir harmonisch und ausgeglichen.
Mein Herz schlägt immerfort ruhig und doch voller Kraft.
Immer gleichmäßig und stets zuverlässig.
Blut fließt ständig durch meine Adern, durchströmt Kopf, Körper und alle Glieder.
Schafft unermessliche Energie, Stärke und Lebenskraft in jede Zelle.
Jeder Herzschlag gibt mir Lust, Freude und neue Kraft.
Ich liebe mein Herz, das Leben und meine Familie.
Mein ganzer Körper befindet sich in einem wunderbaren Gleichgewicht und in Harmonie.
Mein Herz schlägt ruhig und zuverlässig.
Blut kreist ständig durch alle Adern, bringt Kraft und Stärke in alle meine Organe.
Ich horche in mich hinein.
Ich höre und fühle die ausdauernden und kraftvollen Herzschläge.
Ich vernehme das sanfte Rauschen des strömenden Blutes.
Ich rege mich über nichts mehr auf.
Nichts kann mich erschüttern, denn mein Herz schlägt zuverlässig und gleichmäßig.
Ich bin gelassen und vollkommen ausgeglichen.

Selbsthypnose-Suggestionen als Erstbehandlung

Ich habe den starken Wunsch, wieder ganz gesund zu werden.
Dieser Wunsch erfüllt mich ganz, und ich werde selbst alles tun, um meine Gesundheit wiederherzustellen und zu erhalten.
Ich arbeite vertrauensvoll mit meinem Therapeuten zusammen und werde die gemeinsam erarbeitete Therapie strikt befolgen.
Alle gesundheitsschädlichen Gewohnheiten werde ich aufgeben (oder zumindest stark einschränken).
Ich bin sehr froh und glücklich, dass ich endlich etwas für meine Gesundheit tue, und ich lasse mich durch nichts von meinem Vorsatz abbringen.
Nur positive Gedanken erfüllen mich und bestimmen mein Leben in geistiger und körperlicher Gesundheit.

Ich spüre in mir eine wunderbare Heilkraft, die mit jedem Tag immer stärker wird.
Diese unwiderstehliche Heilkraft in mir lässt alle gesundheitlichen Störungen verschwinden.
Ein wunderbares Gefühl der Harmonie ist in mir, und ich fühle mich unsagbar wohl.
Ich spüre, wie es mir von Tag zu Tag immer besser und besser geht.
Es geht mir immer besser – immer besser.
Nichts ist der Macht dieser wunderbaren Heilkraft in mir gewachsen.
Meine Schmerzen klingen aus, verschwinden und kommen nie mehr wieder.
Ich fühle mich ganz wohl.
Ich weiß, dass ich wieder ganz gesund werde, und diese Gewissheit gibt mir die Kraft, alles zu tun, um meine Heilung zu unterstützen.
Jede Zelle meines Körpers ist durchdrungen von dieser unwiderstehlichen Heilkraft in mir – ein wunderbares Wohlgefühl durchströmt mich.
Ich weiß, dass ich auf dem richtigen Weg bin, um wieder ganz gesund zu werden.
Das Leben macht mir Freude und ich bin aus tiefstem Herzen froh und dankbar.
Alles ist wieder gut – alles ist gut.

Selbsthypnose-Suggestionen für alle Indikationen

Ich bin ganz ruhig und gelöst – vollkommen ruhig und gelöst.
Ich bin in vollkommener Harmonie mit mir und meiner Umgebung.
Ruhe und Harmonie erfüllen mich und geben mir ein wunderbares Gefühl der Geborgenheit und Wärme.
Meine Sicherheit und mein Selbstvertrauen wachsen von Tag zu Tag.
Freude und Tatkraft durchdringen mein ganzes Tun und strahlen auf meine Umgebung aus.
Das gibt mir ein herrliches Gefühl der Zufriedenheit und Ausgeglichenheit, und ich fühle mich in meiner Situation ganz wohl.
Mein Schlaf ist tief und erholsam.

Ich bin tolerant und verständnisvoll, besonders gegenüber meinem Partner.
Nur positive Gedanken erfüllen mich und bestimmen mein Leben in geistiger und körperlicher Gesundheit.
Es geht mir von Tag zu Tag in jeder Hinsicht immer besser und besser.
Alles ist gut.

Alternative Formulierung

Ich bin ganz ruhig und gelöst – vollkommen ruhig und gelöst.
Ich bin in vollkommener Harmonie mit mir und meiner Umgebung.
Ruhe und Harmonie erfüllen mich – Ruhe und Harmonie erfüllen mich und geben mir ein wunderbares Gefühl der Sicherheit und des Selbstvertrauens.
Meine Sicherheit und mein Selbstvertrauen wachsen von Tag zu Tag.
Ich bin bereit, mich selbst und damit mein Leben zu verändern.
Ich habe eine ganz neue Einstellung zum Leben – zu meinem Leben.

Nun folgt eine individuelle Suggestion z. B. aus den Formeln oder aus den Suggestionstexten.

Die Vergangenheit ist vorüber – liegt weit hinter mir – hat keinen Einfluss mehr auf mich.
Ich habe mich und damit mein Leben geändert.
Mit jedem Atemzug lasse ich die Vergangenheit immer weiter hinter mir zurück.
Ich gehe voller Ruhe und Selbstvertrauen in die Zukunft.
Ich schaue nur noch nach vorn, und es geht mir von Tag zu Tag in jeder Hinsicht immer besser und besser.
Ein ganz neues Leben beginnt für mich – voller Ruhe und Selbstvertrauen.
Freude und Tatkraft durchdringen mein ganzes Tun und strahlen auf meine Umgebung aus.
Das gibt mir ein herrliches Gefühl der Zufriedenheit und Ausgeglichenheit, und ich fühle mich in meiner Situation ganz wohl.

Mein Herz schlägt ruhig und gleichmäßig – mein Kreislauf ist stabil – meine Verdauung arbeitet perfekt – mein Schlaf ist tief und erholsam.
Meine Gesundheit festigt sich von Tag zu Tag.
Ich bin tolerant und verständnisvoll, besonders gegenüber meinem Partner.
Nur positive Gedanken erfüllen mich – nur positive Gedanken erfüllen mich und bestimmen mein Leben in geistiger und körperlicher Gesundheit.
Alles ist jetzt gut – endlich ist alles gut.

Kardiospasmus

Meine Ruhe ist nun ganz tief und fest.
Auch mein Inneres ist völlig entspannt, gelockert, gelöst.
Auch der Übergang von der Speiseröhre zum Magen ist jetzt ganz locker und frei, ganz weich und weit.
Alle Speisen können jetzt wunderbar leicht hindurchgleiten.
Immer wenn ich etwas esse, richtig kaue, ganz weich kaue, dann rutschen die Speisen ganz leicht die Speiseröhre hinab in den Magen.
Es drückt nichts mehr, es spannt nichts mehr, die Magenöffnung ist weich und weit, alles ist entspannt, locker und gelöst.
Kein Erbrechen tritt mehr auf, alles ist gelöst, die Speisen gleiten hinab durch die weiche und weite Öffnung in den Magen.

Kopfschmerzen

Ich bin ganz ruhig.
Meine Muskeln sind locker, meine Nerven völlig entspannt.
Ich fühle mich ganz wohl.
Nichts kann mich stören.
Ich atme ruhig und gleichmäßig und lasse mich mit jedem Atemzug tiefer und tiefer sinken in ein angenehmes Gefühl der Müdigkeit und Schwere.
Ich spüre, wie ich immer müder werde.
Ich werde immer müder – immer müder.
Diese wunderbare Ruhe und Geborgenheit hüllt mich ein wie ein schützender Mantel.
Ich gebe mich ganz diesem wunderbaren Gefühl hin.
Nichts ist mehr wichtig.
Ich lasse mich einfach treiben.
Alle Probleme lösen sich in nichts auf.
Ich bin frei, völlig frei und fühle mich unsagbar wohl.
Ich fühle mich unsagbar wohl.
Es ist schön, sich einfach so treiben zu lassen.
Ich spüre ganz deutlich, wie ich immer tiefer sinke, immer tiefer in eine tiefe, tiefe, wohltuende Ruhe.
Ich bin jetzt völlig gelöst und entspannt und öffne mich ganz den folgenden Worten.
Ich bin ganz ruhig – ich bin vollkommen ruhig.
Ein wunderbares Gefühl des Friedens und der Harmonie breitet sich in meinem Körper aus, und ich bin aus tiefstem Herzen froh und glücklich.
Mein Kopf ist in jeder Situation frei und klar.
Mein Herz schlägt ruhig und gleichmäßig.
Mein Kreislauf ist stabil, und meine Verdauung arbeitet perfekt.
Ich kann mich jederzeit völlig entspannen.
Mein Kopf bleibt immer angenehm kühl.
Mein Kopf ist leicht.
Nacken und Schultern sind angenehm locker und entspannt.

Ich freue mich immer wieder, dass ich so frei und gelöst bin.
Ich empfinde noch einmal diese wunderbare Entspannung, die meinen ganzen Körper erfüllt.
Tiefe Freude über mein Wohlbefinden durchströmt mich von Kopf bis Fuß.
Ich empfinde diese angenehme Entspannung von Tag zu Tag mehr.

Alternative Formulierung

Mein Kopf ist frei, frisch und leicht.
Warm und ungehindert durchströmt frisches Blut mein Gehirn.
Alle Gedanken sind freudig und hell.
Leicht und locker ist mein Kopf.
Meine Gedanken sind klar und positiv.
Ich freue mich über die Frische und Klarheit meines Kopfes und bin ihm dankbar dafür.
Dankbar spüre ich, wie alle Blutbahnen meines Kopfes weit werden, um viel frisches Blut durch mein Gehirn strömen zu lassen.
Mein Kopf wird dadurch frei und frisch, meine Gedanken werden klar und freudig.
Von Tag zu Tag wird mein Kopf leichter, freier und frischer.

Alternative Formulierung

Mein Kopf ist frei und klar und gut durchblutet.
Meine Gedanken kommen und gehen ungestört, und ich spüre eine wohltuende Ruhe in meinem Kopf.
Auch Magen und Darm sind warm, ruhig und ohne Spannung.
Ich fühle mich wohl und voller Leistungskraft.
Freude und Sicherheit durchdringen mein ganzes Tun und geben meinem Kopf ein freies Gefühl.

Krebs

Wie bei allen anderen ernsthaften Erkrankungen gilt auch hier, dass die Selbsthypnose-Therapie unterstützend zu anderen medizinischen und naturheilkundlichen Heilverfahren angewendet werden oder postoperativ der Nachbehandlung und Persönlichkeitsstabilisierung dienen kann (z. B. bei Brustkrebs).

Es ist schön, so entspannt zu sein.
Ich bin frei und zuversichtlich, keine störenden Gedanken können meinen ausgeglichenen Zustand beeinflussen.
Ich höre und spüre meinen Körper – ich lasse mich völlig in meinen Körper versinken – ich spüre und fühle, ich bin ganz umgeben von meiner eigenen Haut.
Nichts kann mich stören in diesem herrlichen Zustand der Ruhe, der Entspannung.
Ich spüre meinen Atem und meinen Herzschlag, und mit jedem Herzschlag wird mein Blut durch den Körper gepumpt.
Ganz deutlich sehe ich die vielen Blutbahnen in meinem Körper – wie darin das Blut pulsiert und wie der warme Blutstrom von meinem starken Herzen durch all diese Bahnen gepumpt wird.
Mit jedem Herzschlag spüre ich den warmen Druck des Blutes, wie es rein und weich fließt und alles Störende, Krankhafte, Krebsartige hinwegspült, löst und vor sich herschiebt, hinausdrängt aus meinem Körper.
Es hinausschiebt durch meine Haut, wo alles Schlechte abperlt wie Schweiß.
Keine krebsartigen Verformungen und Wucherungen können sich in meinem Körper bilden.
Mein Blut ist stark und wäscht alles sauber, drängt es hinaus aus meinem Körper.

Alternative Formulierung

Ich habe den festen Willen, gesund zu werden.
Meine Ruhe ist ganz tief und fest.
Und in diesem Zustand der tiefen Ruhe erholt sich mein ganzer Körper.
Mit jedem Atemzug gewinnt mein Körper neue Kraft und Lebensenergie.
Die Abwehrkräfte in meinem Körper werden in dieser tiefen Ruhe aktiviert und vernichten alle kranken Zellen.
Der Krebs wird daher nicht mehr genügend mit Blut versorgt. So sterben die Krebszellen nach und nach ab.
Die Krebsgeschwulst wird von Woche zu Woche kleiner, bis sie ganz verschwindet.
Es wachsen nur noch gesunde Zellen.
Mit jedem Atemzug verbessert sich der Zustand meines Körpers.
Jede Zelle meines Körpers arbeitet nach ihrem ursprünglichen Plan.
Mit einer biologisch ausgewählten Ernährungsweise unterstütze ich die Bemühungen meines Körpers, gesund zu werden.
Meine Hoffnung und Zuversicht wachsen ständig, und mein Körper, meine Seele und mein Geist sind in vollkommener Harmonie.
Mein Lebenswille und meine Lebenskraft nehmen von Tag zu Tag zu. Ich werde es schaffen.

Lebensfreude und Optimismus

Ich bin optimistisch.
Ich bin fröhlicher, zuversichtlicher Stimmung.
Ich fühle mich beschwingt und froh, so froh.
Ich fühle mich beschwingt und heiter, so heiter.
Freude erfüllt mich, so viel Freude.
Freude und Lebensmut erfüllen mich.
Lebensmut und Lebensfreude erfüllen mich.

Ich bin erfüllt von Lebensmut und Lebensfreude.
Ich bin freudig und gelöst.
Voller Freude – voller Heiterkeit …
Ich denke zuversichtlich, in jeder Hinsicht zuversichtlich.
Ich denke positiv, immer nur positiv.
Ich bin froh und frei und heiter.
Ich bin ein Lebenskünstler … alles geht leicht … alles macht Freude.
Ich denke positiv, meine Ausstrahlung ist positiv.
Ich strahle Freude und Vertrauen aus.
Ich bin voller Lebensfreude und Schaffenskraft.
Das Leben ist schön, wenn ich positiv bin.
Glück erfüllt mich, ich bin glücklich.
Ich denke, dass ich glücklich bin, also bin ich glücklich.

Magen- und Darmbeschwerden

Ich habe im Darm keine Stauung, sondern eine glatte Verdauung.
Der Darm arbeitet ganz ruhig und gleichmäßig.
Gar nichts erzwingen oder wollen, es geschieht ganz von selbst.
Der Darm arbeitet pünktlich und gut.
Die Arbeit im Darm ist kräftig.
Der Magen arbeitet gut, und der Darm tut sein Bestes.
Die ganze Verdauung ist ausgezeichnet.
Ich werde von heute ab jeden Tag einen ganz normalen Stuhlgang haben.
Magen und Darm sind beschwerdefrei.
Morgen früh werde ich gleich nach dem Frühstück das Bedürfnis verspüren, den Darm zu entleeren.
Ich weiß, dass die ganze Verstopfung nur eine Verkrampfung des Mastdarms ist.
Der Drang wird mich dirckt zur Toilette treiben, und dadurch ist alles erleichtert.
Es war nur die Angst, nicht gehen zu können; nun werde ich jeden Tag regelmäßig gehen, weil der Gedanke zwangsartig auftritt.

Alternative Formulierung

Ich bin vollkommen ruhig, gelassen und fühle mich geborgen.
Der ganze Körper, Magen und Darm sind in Harmonie und befinden sich im Gleichgewicht.
Magen und Darm funktionieren ganz vorzüglich.
Die Verdauung ist gleichmäßig und pünktlich, jeden Morgen nach dem Frühstück.
Heil bringende Wärme durchfließt den Magen und den Darm, fördert nachhaltig und wirksam den Stoffwechsel und mein Wohlempfinden.
Ich esse gemächlich und ganz bedächtig, kaue ausgiebig und habe beim Essen unendlich viel Zeit.
Alle Speisen bekommen mir vorzüglich, ich genieße jeden einzelnen Bissen.
Ich freue mich auf jede Mahlzeit.
Mich kann beim Essen nichts stören, nichts ist wichtig, nur meine vorzügliche Mahlzeit.
Jeder einzelne Bissen bringt mir Genuss und Magen und Darm heilsame Kraft.
Ich bin und bleibe vollkommen ruhig und entspannt.
Mein Magen und mein Darm arbeiten gleichmäßig und zuverlässig.
Ich bin immer gelassen und ausgeglichen.

Alternative Formulierung

Ich bin jetzt ganz ruhig und entspannt, ganz ruhig und entspannt.
Auch meine Därme sind ganz locker und entspannt.
Ich werde jeden Morgen um 7 Uhr erwachen und anschließend eine gewisse Unruhe im Darm verspüren, die Vorboten der folgenden Darmentleerung.
Ich werde mich freuen, diese Unruhe zu verspüren, ganz froh sein darüber.
Diese Unruhe wird sich noch verstärken, es treten deutliche Darmbewegungen auf, die schließlich zu einem immer deutlicher werdenden Stuhlgangdrang führen.
Ich werde diesem Drange sofort und ohne Aufschub nachgehen und eine normale und reichliche Stuhlentleerung haben.

Dieser Vorgang wird sich in gleicher Weise Morgen für Morgen wiederholen.

Alternative Formulierung

Mein Bauch ist warm und gut durchblutet.
Ich spüre diese angenehme Wärme bis tief in meinen Leib hinein.
Alle Verspannungen haben sich gelöst.
Mein Darm arbeitet ruhig und gleichmäßig und entleert sich jeden Morgen.
Jeden Morgen, an dem ich aufwache, spüre ich den Drang, auf die Toilette zu gehen, und mein Darm beginnt dann sofort zu arbeiten.
Ich denke daran: Jeden Morgen nach dem Aufstehen habe ich eine Stuhlentleerung.
Alle Verkrampfungen haben sich gelöst, und dieser Zustand verbessert sich von Tag zu Tag.

Alternative Formulierung

Ab sofort verspüre ich jeden Morgen sofort nach dem Frühstück den Drang, zur Toilette zu gehen.
Sobald ich gefrühstückt habe, kann ich nicht anders, ich muss dann sofort zur Toilette gehen.
Auch abends vor dem Schlafengehen werde ich ab sofort immer noch zur Toilette gehen.
Sobald ich auf der Toilette bin, lösen sich alle Spannungen.
Ich bin dann sofort ganz locker und entspannt, ganz gelöst.
Auch mein Stuhl löst sich ganz leicht und wie von selbst.
Sobald ich morgens nach dem Frühstück und abends vor dem Schlafengehen auf die Toilette gehe, löst sich mein Stuhl ganz leicht und ohne jede Anstrengung.
Alle Spannungen sind verschwunden, jetzt und in Zukunft.
Meine Verdauung arbeitet perfekt.
Nichts kann sie stören.
Meine Verdauung arbeitet in jeder Situation absolut perfekt.
Ich fühle mich dabei ganz wohl und bin aus tiefstem Herzen froh und glücklich, dass mir meine Verdauung keine Probleme mehr bereitet.

Meine Verdauung arbeitet absolut perfekt.
Ich fühle mich ganz wohl.

Meditation, neue Lebenseinstellung und Lebensführung

Ich spreche in Gedanken, nur in Gedanken, folgende Worte und sehe dabei die jeweilige Situation bildhaft vor mir:

Ich sehe mich vor meinem geistigen Auge als gesunden und lebensfrohen Menschen.
Ich bin bereit, mein Leben, mich selbst zu verändern.
Ich finde in Zukunft eine ganz neue Einstellung zum Leben, zu meinem Leben – voller Ruhe und Selbstvertrauen.
Die Vergangenheit ist vorüber – hat keinen Einfluss mehr, liegt weit hinter mir – erledigt.
Mit jedem Atemzug lasse ich die Vergangenheit immer weiter hinter mir zurück.
Ich gehe voller Ruhe und Selbstvertrauen in die Zukunft.
Ich schaue nur noch nach vorne, und es geht mir von Tag zu Tag in jeder Hinsicht immer besser und besser.
Ein ganz neues Leben beginnt für mich – voller Ruhe und Selbstvertrauen.
Ich erkenne immer deutlicher meinen Weg.
Von Tag zu Tag wird mir klarer, was zu tun ist.
Mit Freude spüre ich in mir die Kraft, die erforderlichen Konsequenzen aus meiner Erkenntnis zu ziehen und meinen Weg zu gehen.
Ich gehe meinen Weg – unbeirrt, denn ich habe eine sichere innere Führung, die mich weder straucheln noch zögern lässt.
Ein wunderbares Gefühl der Dankbarkeit durchströmt mich.
Ich bin wie von einem Druck befreit und erlebe dankbar, dass ich von Tag zu Tag meinem Ziel immer näherkomme.
Alles ist jetzt gut – alles ist gut.

Ich lerne es, mein Leben meditativ zu gestalten, nach innen zu lauschen, und gebe allen Gedanken eine positive Richtung.
Ich lasse innerlich los und bin, wie ich bin.
Ich bin still und fühle den tiefen Frieden aus der Mitte meines wahren Wesens.
Tiefer Friede und vollkommene Stille sind in mir.
Ich bin aufgeschlossen und bereit, die Gesetze des Lebens zu erkennen, damit von mir Impulse der Harmonie, der Freude und der Liebe ausgehen.
Dadurch bin ich ein positiver und erfolgreicher Mensch.
In Harmonie, voller Mut und Energie, geht es mir von Tag zu Tag immer besser.

Nägelkauen

Ich will und werde nie mehr Fingernägel kauen.
Der Drang zum Nägelkauen verschwindet, verliert von Tag zu Tag an Bedeutung.
Ich freue mich darauf, wieder schöne Fingernägel zu haben.
Ich erfreue mich jeden Tag an meinen schönen neuen Fingernägeln.

Alternative Formulierung

Nichts kann mich beunruhigen, Ich bin vollkommen zufrieden und ausgeglichen.
Ich weiß, meine Hände sind das Spiegelbild meiner Persönlichkeit.
Von jetzt an habe ich jederzeit gepflegte und wohlgestaltete Fingernägel.
Täglich pflege ich ganz sorgfältig meine Nägel und Hände.
Von Tag zu Tag werden meine Fingernägel kräftiger und schöner.
Meine Mitmenschen beneiden mich um meine gepflegten Fingernägel.

Ich bin zufrieden und sicher, mein Selbstbewusstsein wird von Tag zu Tag stärker.
Die Pflege meiner Fingernägel macht mir Freude und wird zur täglichen Gewohnheit.

Alternative Formulierung

Ab sofort habe ich einen starken Widerwillen, meine Nägel abzubeißen.
Ich lasse meine Fingernägel wachsen und freue mich täglich mehr darüber, schöne und gepflegte Hände zu haben.
Meine Hände sind wunderbare Werkzeuge, die ich pflegen und sauber halten will.
Ich freue mich, dass meine Fingernägel wieder wachsen und ihre Bestimmung voll und ganz erfüllen können.

Negative Gewohnheiten/ Ablegen negativer Gewohnheiten

Ich bin ein positiver Mensch und dulde nur positive Gewohnheiten an mir.
Eine Gewohnheit ist gut und daher positiv, wenn sie mir und meiner Umgebung Harmonie und Vorteile bringt.
Dabei kommt es darauf an, was ich selber von mir denke und innerlich von mir halte, wie das geistige Bild ist, das ich von mir in meinem Innern trage.
Dieses Bild soll mich stark und frei von allen Schwächen zeigen.
Ist das so, dann bin ich auch körperlich von allen Schwächen frei.
Ich prüfe mich und sehe noch dunkle Stellen in diesem Bilde, negative Gewohnheiten, die immer mehr verblassen und verschwinden müssen.
Allen Handlungen und jedem Verhalten geht der Gedanke voraus.

Wenn ich mich freidenke von allen Charakterschwächen, dann kommt es so, wie ich denke, dann weichen alle Schwächen.
Ich wünsche von ganzem Herzen, dass ich frei werde.
Ich sehe und erlebe, wie sich mein geistiges Urbild in diesem positiven Sinne wandelt.
Die dunklen Stellen weichen, alles wird klar in mir, alles edel und stark.
Die Augen meines inneren Bildes beginnen zu leuchten, ein neuer Mensch entsteht, wird immer deutlicher, immer sichtbarer.
So werde ich sein, wie dieses Urbild zeigt, frei von allen Schwächen, frei von allen schlechten Gewohnheiten.
Ich weiß, dass es so kommt, denn ich erlebe meine Wandlung im Voraus in der Wandlung meines Urbildes.
Ich erlebe, wie ich innerlich geistig auferstehe und charakterlich gesunde.
Und weil ich das erlebe, darum geschieht es auch wirklich und tatsächlich, denn was ich suggestiv denke, wird Wirklichkeit, wird greifbare Wirklichkeit.
Eine völlige Veränderung meines Wesens tritt ein.
Ich dulde keine negativen Gewohnheiten mehr an mir, ich gewinne Macht über sie aus der Kraft meines positiven Denkens.
Tag für Tag erlebe ich das mehr und mehr, und der Sieg über mich selber ist absolut gewiss.
Ganz bestimmt kommt es so – ganz bestimmt – ganz bestimmt.
Ich werde frei von allen Schwächen – ganz frei – ganz frei – ganz frei.

Nervosität in Ruhe umwandeln

Ich spüre eine wunderbare Ruhe und Gelassenheit in mir und fühle mich ganz sicher und geborgen.
Ich bin ganz zufrieden und mit mir selbst in vollkommener Harmonie.
Mein Herz schlägt ruhig und gleichmäßig, der Kreislauf ist stabil, und ich fühle mich rundherum richtig wohl.
Eine wunderbare Ausgeglichenheit und Toleranz erfüllen mein Dasein.
Meine Umwelt stimmt mich heiter und freundlich.
Durch die innere Ruhe steigert sich mein Wohlbefinden von Tag zu Tag.
Ruhe und Gelassenheit bestimmen von nun an den Ablauf meines Lebens.

Alternative Formulierung

Ich atme jetzt ganz langsam, ruhig und tief und fühle dabei, wie ich innerlich immer ruhiger und ruhiger werde.
Diese Ruhe ist eine Wohltat für mein Gemüt und meine Nerven.
Mein Herz schlägt immer gleichmäßiger, immer gelassener, immer entspannter.
Es ist ein herrliches Gefühl, innerlich ganz ruhig zu sein, ganz ruhig und ganz entspannt zu sein.
Das stärkt auch die Nerven und macht mich seelisch stark.
Es verleiht mir Kraft und macht mich innerlich ausgeglichen und harmonisch.
So friedlich und ruhig, wie ich atme, so ruhig und friedlich pulst das Blut durch meine Adern, so ruhig und friedlich schwingt auch mein Gemüt.
Ich bin in allen Fasern meines Körpers völlig entspannt.
Alles ist Gelassenheit und Harmonie.
Es ist wunderbar, so gelassen und entspannt zu sein.

Das gibt auch Harmonie in allen Gedanken, das macht mich frei von Hast und aller Unruhe.
Von Tag zu Tag werde ich innerlich immer ruhiger und ruhiger.
Ganz ruhig, so wie mein Atem, so wie mein Atem ganz ruhig – ganz ruhig – ganz ruhig.

Ohrensausen

Mein Kopf ist frei und klar.
Alles, was um mich herum vorgeht, ist deutlich und gut verständlich.
Nichts kann mich stören.
Mein Innenohr ist warm und gut durchblutet.
Von Tag zu Tag wird mein Gehör freier und besser.
Ich fühle mich vollkommen aktiv und leistungsfähig.
Stets höre ich alles klar und deutlich.

Persönlichkeitsentwicklung/ Aufbau einer dynamischen Persönlichkeit

Ich kann, was ich will – mein Wille ist wie harter Stahl.
Stahlhart ist mein Wille – kraftvoll ist mein Wille.
Immer handeln, tätig sein, dynamisch leben.
Ich setze mich durch.
Kraftvoll und mutig gestalte ich meinen Tag.
Ich glaube – Glaube ist Macht – Glaube versetzt Berge.
Mein Glaube ist unerschütterlich, meine Glaubenskraft ist unermesslich.

Ich glaube, dass ich etwas kann, darum kann ich es.
Ich denke immer positiv und lebensbejahend, positiv und lebensbejahend.
Ich bin voller Zuversicht, ich denke zuversichtlich.
Ich gewinne Macht über mein Leben, ich gestalte mein Leben.
Ich handle mutig und überlegt. Jeder Augenblick ist wichtig, darum fasse ich jeden Augenblick.
Ich weiß genau, was ich will.
Ich bleibe meinen Vorsätzen treu, stetig verfolge ich mein Ziel.
Mein Auftreten ist frei und sicher. Ich trete frei und sicher auf.
Ich bin innerlich im Gleichgewicht, frei und gelöst.
Ich habe einen starken Glauben an die eigene Kraft.
Mein Selbstvertrauen wächst und wächst.
Ich kann frei und sicher sprechen.
Ich spreche ruhig und sicher.
Meine Sprache ist warm, fesselnd und sympathisch.
Mein Gesichtsausdruck ist beherrscht und sicher, frei und gelöst.
Mein Gesichtsausdruck verrät Kraft, Energie, Durchsetzungsvermögen und Initiative.
Mein Wesen wirkt sympathisch – mein Wesen übt eine magische Anziehungskraft aus.
Meine persönliche Strahlkraft nimmt von Tag zu Tag zu.
Mein Blick ist ruhig und sicher.
Mein Blick wirkt ruhig und angenehm.
Mein Blick strahlt eine magische Anziehungskraft aus.
Meine Persönlichkeit schlägt alle in ihren Bann.

Eine positive Persönlichkeit entwickeln

In meinem inneren Wesen wachse ich immer mehr zu einer positiven Persönlichkeit heran.
Ich fühle deutlich, wie ich immer mehr Macht über mich gewinne, wie ich immer beherrschter, immer ausgeglichener, immer harmonischer werde.
Mein Denken löst sich von allen Hemmungen, mein Geist wird frei und entfaltet sich.
Ich fühle, dass ich innerlich wachse, Tag für Tag fühle ich mehr, wie ich wachse.

Ein großes Selbstvertrauen kommt über mich.
Ich glaube an mich und meine seelische Kraft.
Ich meistere immer mehr jede Schwäche, nichts kann mich klein und schwach machen, nichts zu Boden zwingen.
Ich fühle, dass ich ganz positiv werde.
Ja, ich werde positiv, ganz positiv, ganz positiv.

Phantomschmerz

Mein Herz schlägt ruhig und gleichmäßig.
Der Kreislauf ist stabil, und ich fühle mich vollkommen wohl und frei.
Alle Glieder sind warm und gut durchblutet und meine Nerven sind gelöst und locker.
Ich fühle mich vollkommen sicher und leistungsfähig.
Von Tag zu Tag geht es mir besser.
Mein … (schmerzenden Körperteil einfügen) ist ganz gleichgültig, ist und bleibt ganz ruhig. (Wiederholen)

Positives Denken, Planen

Von Tag zu Tag denke ich in jeder Hinsicht immer positiver und positiver.
Durch positives Denken erreiche ich alles, was ich erreichen will.
Ich ziehe immer mehr alles Positive wie magnetisch an.
Ich gehe an jede Tätigkeit mit einer positiven Einstellung heran.
Durch die Macht des positiven Denkens gelingt mir alles viel leichter und besser.
Ich habe von Tag zu Tag bei all meinem Streben immer mehr Erfolg.

Positives Planen

Ich lebe zielstrebig, ich plane zielstrebig.
Ich handle positiv und zielstrebig, positiv und zielstrebig.
Leuchtend steht vor mir mein Ziel.
Ich weiß, was ich will.
Mein Wille ist mir Gesetz.
Ich weiß, was ich will – ich lebe zielbewusst. Ich lebe planvoll und nach klaren Absichten.
Tag für Tag ein Fortschritt, immer näher dem Ziel.
Tag für Tag ein Schritt weiter, mein Ziel rückt näher.
Ordnung ist wichtig, Ordnung spart Zeit und Kraft.
Ich lasse nicht locker, ich bin erfüllt von Ausdauer und Zähigkeit.
Immer tun, was richtig ist.

Positive Gedanken

Ich denke positiv, ganz positiv.
Meine negativen Gedanken verblassen immer mehr.
Es gelingt mir immer besser, positive Gedanken zu entwickeln.
Es gelingt mir immer besser – ich spüre es.
Mein Vertrauen in mich selbst ist sehr groß.
Ich fühle, ich werde frei von allen negativen Gedanken, frei von allen Ängsten, frei von jeder Unsicherheit, frei von Hemmungen.
Ich bin sehr glücklich.
Die Macht meiner positiven Gedanken wird immer stärker.
Das gibt mir große Sicherheit.
Ein Gefühl großen Glücks erfüllt meinen Körper.
So wie es jetzt ist, wird es immer sein.
Mit den Kräften meiner positiven Gedanken meistere ich jede Situation.
Ich werde mit allen Schwierigkeiten fertig.
Immer besser – immer besser.
Und das dank der Kraft positiver Gedanken.
Daher werde ich immer positiver, immer positiver.
Und ich werde alle Schwierigkeiten meistern, denn ich bin und denke positiv, immer nur positiv.

Prüfungen/ Prüfungsvorbereitung

Ich bin entspannt und ruhig.
Ich stehe über den Dingen und bin gelassen.
Ich bin stark und konzentriert.
Ich habe die Ruhe und Gelassenheit, über Fragen nachzudenken.
Ich finde die richtigen Antworten leicht und formuliere überzeugend.
Ich habe viel gelernt, ich erinnere mich leicht an das Erlernte.
Ohne Mühe gebe ich das Gelernte wieder.
Aus meinem Wissen hole ich alles Benötigte hervor und kann fließend und sachgerecht meine Antworten formulieren.
Meine Prüfer sind mir sympathisch.
Meine Ruhe und Überlegenheit beeindrucken und schaffen ein gutes Klima.
Ich bin mir meines Wissens sicher.
Ich kann mich auf mich verlassen.
Ich bestehe meine Examina mit gutem Abschluss.

Alternative Formulierung

Ich freue mich darauf, dass meine Ausbildung nun bald beendet ist und ich dann das Gelernte anwenden und auf eigenen Füßen stehen kann.
Mein Herz schlägt ruhig und gleichmäßig, mein Kreislauf ist stabil.
Magen und Darm arbeiten normal, ich bin ganz ruhig.
Mein Kopf ist kühl, meine Gedanken sind klar.
Alles, was ich jetzt lernen will, begreife ich sofort und behalte es fest im Gedächtnis.
Mein Schlaf ist ruhig und tief.
Am Morgen bin ich frisch und munter und voller Kraft für den ganzen Tag.

Alles, was ich bisher gelernt habe, jetzt lerne und in den nächsten Tagen noch lernen werde, behalte ich fest im Gedächtnis und habe dieses Wissen stets zur Verfügung.
Bei Fragen bleibe ich deshalb völlig ruhig und werde immer die richtigen Antworten geben.
Das Lernen macht mir jetzt große Freude.
Ich behalte alles fest im Gedächtnis – auf Fragen gebe ich immer die richtigen Antworten.
Ich bin sehr froh, denn ich weiß, dass ich alles Gelernte behalte und auf Fragen immer die richtigen Antworten geben werde.
Das Lernen macht mir jetzt große Freude, ich bin fröhlich und guter Dinge.
Alles ist gut.

Alternative Formulierung

Durch diese Behandlung komme ich in einen Zustand der inneren Ruhe und Ausgeglichenheit.
Ich fühle mich vollkommen sicher und frei.
Alles, was ich gelernt habe, wird bei der Prüfung sofort in mein Bewusstsein kommen.
Ich werde ruhig und sicher antworten können und keinerlei Unruhe zeigen.
Ich habe den Mut und das Selbstvertrauen, mit meinem Wissen gut durch die Prüfung zu kommen.
Ich zeige keine Hast und keine Aufregung.
Ich bin mir meiner Sache vollkommen sicher.
Mit vollkommener Ruhe und Gelassenheit meistere ich die Prüfung.
Was gelernt ist, wird immer bleiben, das Gedächtnis behält alles.
Ich gehe ganz ruhig, sicher und frei in die Prüfung.

Alternative Formulierung

Jetzt, in diesem Zustand tiefer Entspannung, wirst du, mein Unterbewusstsein, folgende Anweisungen annehmen und mit der Kraft eines unwiderstehlichen Triebes, selbst gegen innere Hemmungen, rückhalt- und bedingungslos zur Ausführung bringen:

Von nun an werden mein Geist und mein Körper vor, während und nach jedem Examen oder jeder Prüfungsarbeit vollkommen ruhig und entspannt sein.
Alles Gelernte wird sofort leicht und mühelos von mir reproduziert werden können, sobald ich es benötige.

Examensangst, Steigerung der Konzentrationsfähigkeit

Ich bin immer ganz gelöst und ruhig.
Nichts kann mich mehr aufregen.
Immer behalte ich in allen Lebenslagen einen klaren Kopf und klare Gedanken.
Ich lasse mich nicht zu unüberlegten Äußerungen hinreißen.
Ich bin stets überlegen und ruhig.
Ich werde nicht heftig in meinem Ausdruck.
Ich behalte immer einen klaren Kopf.
Ich bin ruhig und gelöst und bleibe überlegen.
Ich behalte immer die Übersicht.
Ich bin entspannt und ruhig.
Ich stehe über den Dingen und bin gelassen, stark und konzentriert.
Arbeit ermüdet mich nicht – ich bleibe frisch und entspannt.
Ich arbeite gern und erfolgreich.
Ich habe die Ruhe und Gelassenheit, über Fragen nachzudenken.
Nichts kann mich aus der Ruhe bringen – nichts kann mich irritieren.
Ich finde die richtige Antwort leicht und formuliere überzeugend.
Ich habe viel gelernt und werde noch vieles lernen und begreifen.
Ich erinnere mich leicht an das Gelernte.
Alles, was ich gehört, gelesen oder gelernt habe, fällt mir ganz leicht wieder ein.
Ohne Mühe gebe ich das Gelernte wieder.
Aus meinem Wissen hole ich alles Benötigte hervor und kann es fließend und sachgerecht formulieren.
Meine Gesprächspartner, meine Prüfer, sind mir sympathisch.
Meine Ruhe und Überlegenheit schaffen ein gutes Klima.
Ich bin mir meines Wissens sicher.
Ich kann mich auf mich selbst verlassen.
Was ich will, gelingt mir auch.

Ich bestehe meine Prüfungen und bestehe mit meiner Arbeit.
Meine Gedanken sind immer geordnet, und ich achte auf das, was ich gerade tue.
Meine Gedanken laufen mir nicht davon – meine Gedanken sind stets geordnet und zielstrebig.
Es geht mir in jeder Hinsicht von Tag zu Tag immer besser und besser.

Führerscheinprüfung

Ich werde mit großer Freude und Lust am Unterricht teilnehmen.
Den ganzen Lernstoff werde ich mit Leichtigkeit aufnehmen.
Wenn ich das Auto zum praktischen Teil der Prüfung besteige, werde ich ganz ruhig und gelassen sein.
Ich werde genau wissen, was ich tun muss und zu beachten habe.
Ich werde fahren, als ob ich bereits seit zehn Jahren fahre.
Ich werde voll wach sein – gar nichts kann mir entgehen.

Konzentration und Vorbereitung auf ein Seminar/einen Kurs

Ich konzentriere mich voll auf das Seminar und behalte alles Wichtige.
Ich fühle mich ganz frisch, mein Kopf ist frei und klar.
Ich arbeite intensiv und freudig im Seminar mit.
Meine bildhafte Vorstellung wird immer besser.
Allem Neuen gegenüber bin ich aufgeschlossen.
Ich arbeite mit allen Seminarteilnehmern gut zusammen.
Dieses Seminar ist ein Gewinn für mich.
Was ich höre, kann ich gut in die Praxis umsetzen.

Lampenfieber

Es ist mir angenehm, vor einem kritischen Publikum zu stehen.
Ich bin mir meiner Leistung sicher und stehe über den Dingen.
Es kann mich nichts erschüttern oder aus meiner Ruhe bringen.
Alle Formulierungen fallen mir sofort ein.

Meine Texte sind mir laufend gegenwärtig.
Meine Gedanken sind diszipliniert und konzentriert.
Ich bin völlig sicher.
Das Publikum (meine Zuhörer) danken mir für meine Leistung, die ich gern erbringe.
Meine Darbietung (Vortrag) ist ein voller Erfolg.

Alternative Formulierung

Ich empfinde eine wohltuende Ruhe und Gelassenheit vor jedem Auftritt (Vortrag).
Ich freue mich auf die Vorstellung, denn ich habe lange dafür gearbeitet, um mich vorzubereiten.
Nun empfinde ich Freude und eine tiefe Genugtuung, dass ich meine Mitmenschen mit dieser Arbeit erfreuen und unterhalten kann.
Ich bin ganz ruhig und nichts kann die Klarheit meiner Gedanken stören.
Ich fühle mich ganz wohl und freue mich auf die Vorstellung.

Prüfungen mühelos bestehen

Ich lerne leicht.
Alles wird sich in meinem Gedächtnis fest einprägen.
Ich lerne gründlich.
Ich bleibe beim Lernen ruhig und entspannt.
Ich bin beim Lernen immer gut gelaunt.
Ich lerne mit Fleiß und Ausdauer.
Nichts kann mich ablenken.
Während der Prüfung ist mein Körper gelöst und entspannt, meine Fähigkeiten sind voll da.
Es geht einfach alles wie von selbst – ich bin voll konzentriert.
Alles fällt mir mühelos ein.
Ich bleibe während der Prüfung ruhig und gelassen – ich bin ganz die Ruhe selbst.
Ich werde es schaffen.
Ich werde die Prüfung bestehen.

Alternative Formulierung

Sprechen Sie jetzt in Gedanken, nur in Gedanken, folgende Worte mit, und sehen Sie dabei die jeweilige Situation bildhaft vor sich:

Wenn ich an meine Prüfung denke, bin ich ganz ruhig, sicher und gelassen.
Ich spüre, wie diese Ruhe und Gelassenheit in mir wächst.
Bei meiner Prüfung werde ich ganz ruhig und gelassen sein.
Ich werde mein ganzes Wissensgut greifbar haben.
Es kommt ein Gefühl von Mut über mich, aus dem heraus ich mich sicher, ruhig und gelassen fühle.

Alternative Formulierung

Durch diese vertiefte Ruhebehandlung kommt ein wohliges Entspannungsgefühl über meinen ganzen Körper.
In der Brustgegend entspannen sich die Muskeln rings um die Blutgefäße, und es entsteht ein Gefühl der Erweiterung und Erleichterung.
Alle Unruhe und Angst fallen von mir ab, wie welke Blätter im Herbst.
In meinem jetzigen entspannten Zustand erkenne ich, dass ich nur erfolglos bin, weil ich meine Fähigkeiten nicht richtig zu nutzen weiß.
Diese Erkenntnis muss mich nun von meiner (Angst) befreien, und von jetzt an werde ich Freude an meinem Studium haben und meine nächste Aufgabe (Prüfung, Arbeit) viel besser bewältigen, als es in der Vergangenheit möglich war.
Ich werde mich auf jede Aufgabe vorher ausreichend vorbereiten und voll Selbstvertrauen und Zuversicht jede mir gestellte Aufgabe bewältigen.
Die Arbeit (Prüfung) wird mir sehr leichtfallen.
Ich werde die Prüfung bestehen.
Ich werde die Arbeit (Prüfung) bewältigen.
Ich bin und bleibe, auch in der Prüfung, vollkommen ruhig, ganz gelassen und voller Selbstvertrauen.
Ich fühle mich von Tag zu Tag immer sicherer und immer wohler.

Mein Selbstvertrauen wächst von Tag zu Tag.
Es geht mir – in jeder Beziehung – immer besser und besser.

Prüfungsangst, Unsicherheit

Ich freue mich, dass ich Gelegenheit habe, meine Eignung zur/zum ... unter Beweis zu stellen.
Ich weiß, dass ich eine gute/ein guter ... werde und bin ganz zuversichtlich.
Sobald ich den Prüfungsraum betrete, fallen alle Sorgen und Probleme von mir ab, und ich spüre sofort eine tiefe Ruhe und Gelassenheit.
Ich bleibe während der ganzen Prüfung ruhig und zuversichtlich, denn alles Wissen, welches ich benötige, steht mir dann sofort ganz zur Verfügung, und ich fühle mich ganz sicher, frei und wohl.
Ich bleibe in jeder Situation ganz ruhig und gelassen, und mein Selbstvertrauen und meine Sicherheit wachsen von Tag zu Tag.
Ich benehme mich immer und überall ganz natürlich und fühle mich ganz wohl.
Mein Kopf ist und bleibt in jeder Situation ganz frei und klar.
Ich freue mich, dass es mir von Tag zu Tag in jeder Hinsicht immer besser und besser geht
Ich fühle mich jeder Aufgabe, welche sich mir stellt, gewachsen und ein wunderbares Gefühl von Zuversicht und Freude erfüllt mich ganz.

Vorbereitung auf Arbeit/Prüfung

Ein wunderbares Gefühl des Friedens und der Harmonie breitet sich in meinem Körper aus und ich bin aus tiefstem Herzen froh und glücklich.
Morgens, beim Erwachen, spüre ich sofort wieder dieses wunderbare Gefühl des Friedens und der Harmonie und ich bin dann ganz heiter und gelöst und aus tiefstem Herzen froh und glücklich.
Und den ganzen Tag über bleibe ich heiter und fröhlich und es geht mir von Tag zu Tag – mit jedem Mal, wenn ich diese Worte höre – in jeder Hinsicht immer besser.

Ich fühle mich von Tag zu Tag immer besser.
Meine Sicherheit und mein Selbstvertrauen wachsen von Tag zu Tag.
Meine Willenskraft wächst und ich arbeite und lerne ganz konzentriert.
Ich sehe mein großes schönes Ziel ganz deutlich vor mir und bin bereit, es durch konsequente Arbeit zu erreichen.
Ich werde nicht wankelmütig sein, denn ich kenne die großen Vorteile, die sich aus meiner zielstrebigen Entwicklung ergeben.
Ich arbeite und lerne voller Ausdauer und Konzentration. Meine Sicherheit und mein Selbstvertrauen wachsen mit jedem Tag.
Ich bin voller Schwung und Begeisterung.
Und es macht mir von Tag zu Tag mehr Freude, meine ganze Kraft und Energie für das Ziel einzusetzen, meine Leistungen immer weiter zu steigern, und ich tue alles, was erforderlich ist, um mein schönes Ziel zu erreichen.
Aber alles, was ich tue, werde ich immer ganz konzentriert und sorgfältig tun.
Ich arbeite und lerne voller Ausdauer und Konzentration.
Meine Sicherheit und mein Selbstvertrauen wachsen mit jedem Tag.
Ich bin und bleibe ganz heiter und gelöst – voller Schwung und Begeisterung.

Raucherentwöhnung

Rauchen ist schädlich.
Ich werde ab sofort nicht mehr rauchen, denn der unangenehme Geruch und Geschmack werden mir zuwider sein.
Der Zigarettenrauch bringt mich zum Husten und verursacht Brennen und Kratzen im Hals.
Ich spüre einen starken Widerwillen gegen das Rauchen, der immer stärker wird.

Bei jeder Zigarette, die ich anzünde, wird es mir übel; ich muss mich erbrechen und husten.
Mein Widerwille gegen Rauch verstärkt sich von Tag zu Tag.
Der Rauch schmeckt bitter und unangenehm.
Ich werde so viel Kraft haben, dass ich keine Zigarette mehr anzünde.
Ich lasse mich nicht mehr von meinem Vorsatz abbringen.
Ich werde ganz strikt danach handeln.
Dieser Vorsatz wird sich ganz tief in mein Unterbewusstsein einprägen.
Ich werde froh und glücklich ein Nichtraucher sein.
Ich habe den festen Willen und die Kraft dazu.

Alternative Formulierung

Ich spüre einen starken Widerwillen gegen das Rauchen, der immer stärker wird.
Ich habe kein Verlangen mehr nach einer Zigarette.
Ich habe überhaupt kein Interesse mehr am Rauchen.
Rauchen ist völlig uninteressant für mich.
Schon der Gedanke an das Rauchen ist mir unangenehm und ich spüre dann sofort wieder den starken Widerwillen gegen das Rauchen.
Jedes Mal, wenn ich Rauch rieche, verstärkt sich dieser Widerwille noch mehr.
Ab sofort werde ich nicht mehr rauchen und ich lasse mich durch nichts von diesem Vorsatz abbringen, denn ich bin sehr froh und glücklich, dass ich endlich etwas für meine Gesundheit tue und das-Rauchen aufgegeben habe.
Ich fühle mich dadurch von Tag zu Tag immer besser und frischer.
Mein Widerwille gegen das Rauchen wird von Tag zu Tag immer stärker.
Rauchen ist für mich völlig uninteressant und schon der Gedanke an das Rauchen ist mir unangenehm und erzeugt in mir sofort ein starkes Ekelgefühl.

Spezielle Suggestionen

Sollte ich mir jemals wieder eine Zigarette anzünden, wird mir sofort so schlecht, dass ich mich übergeben muss.
Ich werde deshalb diesen Versuch gar nicht erst machen und nie mehr rauchen.
Das sitzt tief und unauslöschlich in meinem Unterbewusstsein, und ich werde immer danach handeln. (Wiederholen)
Und jedes Mal, wenn ich Rauch rieche, verstärkt sich meine Abneigung dagegen noch mehr, und ich bin froh und glücklich, dass ich aufgehört habe zu rauchen.
Ich lasse mich durch nichts von meinem Vorsatz abbringen und ich werde immer ganz strikt danach handeln.
Ich werde nie mehr rauchen.
Ich fühle mich dadurch von Tag zu Tag immer besser und frischer, und ich bin ganz froh und glücklich, dass ich es endlich geschafft habe.

Ruhe und Entspannung

Ich atme ganz langsam, ruhig und tief und fühle dabei, wie ich innerlich immer ruhiger und ruhiger werde.
Diese Ruhe ist eine Wohltat für mein Gemüt und meine Nerven.
Ich fühle es an meinem Herzen: Es schlägt immer gleichmäßiger, immer gelassener, immer entspannter.
Es ist ein wunderbares Gefühl, innerlich ganz ruhig und ganz entspannt zu sein, ganz ruhig und ganz entspannt.
Das kräftigt die Nerven, das macht mich seelisch stark, das gibt Kraft und macht innerlich ausgeglichen und harmonisch.
So friedlich und ruhig, wie ich atme, so ruhig und friedlich pulst das Blut in mir, so ruhig und friedlich schwingt mein Gemüt.
Ich bin in allen Fasern meines Körpers völlig entspannt.
Es ist so, als wäre der Körper überhaupt nicht da.

Keine Verkrampfung, keinerlei erzwungene Entspannung, alles nur Gelassenheit und Harmonie.
Es ist wunderbar, so gelassen und so entspannt zu sein.
Das gibt Harmonie in allen Gedanken, das macht frei von Hast und aller Unruhe und aller Disharmonie.
Ich fühle, wie ich innerlich immer ruhiger und ruhiger werde, ganz ruhig, so wie mein Atem – so wie mein Atem.
Ganz ruhig – ganz ruhig – ganz ruhig.

Schlafstörungen

Ich bin ganz ruhig und entspannt.
Meine Atmung ist ganz ruhig und gleichmäßig.
Ich fühle mich ganz ruhig, behaglich und wohl.
Die Ruhe wird immer tiefer und tiefer.
Entspannen – immer mehr entspannen.
Ruhe – Ruhe – Ruhe – entspannen – entspannen – entspannen.
Ich bin gelassen und ruhig, ganz ruhig.
Vollkommen entspannt, alle Verkrampfungen lösen sich.
Ich bin ruhig und gelassen in allen Nerven und Organen.

Schlaflosigkeit

Ich bin ganz ruhig.
Ein wunderbares Gefühl des Friedens und der Harmonie breitet sich in meinem Körper aus und ich bin aus tiefstem Herzen froh und glücklich.
Jeden Abend, wenn ich zu Bett gehe, spüre ich sofort wieder dieses wunderbare Gefühl des Friedens und der Harmonie und ich kann dann immer sofort einschlafen.
Ich wache nachts nicht mehr auf, sondern schlafe jede Nacht tief und fest durch.

Ich habe einen gesunden, natürlichen und erholsamen Schlaf, und ich wache erst am Morgen ganz frisch und erholt auf.
Ich spüre dann sofort wieder dieses wunderbare Gefühl des Friedens und der Harmonie und ich bin dann ganz heiter und gelöst und aus tiefstem Herzen froh und glücklich.
Ich fühle mich von Tag zu Tag immer besser und werde immer heiterer und fröhlicher.
Und jeden Abend, wenn ich zu Bett gehe, fallen alle Sorgen von mir ab.
Ich spüre dann sofort wieder dieses wunderbare Gefühl des Friedens und der Harmonie und ich schlafe dann sofort ein.
Ich wache nachts nicht mehr auf, sondern schlafe jede Nacht tief und fest durch.
Ich habe einen gesunden, natürlichen und erholsamen Schlaf und wache immer erst am Morgen ganz frisch und erholt auf.
Beim Erwachen spüre ich dann sofort wieder dieses wunderbare Gefühl des Friedens und der Harmonie und ich bin dann ganz heiter und gelöst und aus tiefstem Herzen froh und glücklich.
Und den ganzen Tag über bleibe ich heiter und fröhlich, und es geht mir von Tag zu Tag in jeder Hinsicht immer besser.
Ich werde von Tag zu Tag immer heiterer und fröhlicher, und ich fühle mich von Tag zu Tag immer besser – immer besser.

Spezielle Suggestionen

Es ist wunderschön, ruhig liegen zu können.
Nach dem Zubettgehen schalte ich alle störenden Gedanken aus.
Nichts mehr wollen, der Schlaf kommt – von selbst – von ganz alleine.

Alternative Formulierung

Durch die wunderbare Ruhe, die mit jedem Atemzug (bei Tag und bei Nacht) in meinen Körper einströmt, schlafe ich jetzt jede Nacht ganz tief und ruhig bis zum Morgen.
Jede Nacht sinke ich in einen tiefen, erholsamen Schlaf, und im Schlaf regeneriert sich mein ganzer Körper auf wunderbare Weise.

Im Schlaf lädt sich meine Lebensbatterie unaufhörlich auf mit neuer Kraft und Energie.
Ein ganz neues Leben beginnt für mich – voll Ruhe, voll Gesundheit, voll mit neuer Kraft und Energie.
Durch diese Behandlung (Entspannung) werde ich von Tag zu Tag seelisch und körperlich immer ruhiger und ruhiger.
Alle meine Gedanken kommen zur Ruhe.
Und jeden Abend, wenn ich zu Bett gehe, fallen alle Sorgen von mir ab.
Ich spüre dann sofort wieder dieses wunderbare Gefühl der Schwere und der Müdigkeit, des Friedens und der Harmonie.
Sobald ich mich zur Ruhe niederlege, verspüre ich ein unwiderstehliches Schlafbedürfnis.
Mein Körper ist dann ruhig und schwer, ich habe die richtige „Bettschwere".
Schwere und Müdigkeit verstärken sich von Minute zu Minute und ich fühle deutlich das Nahen des Schlafes.
Über meine Augen legt sich ein dunkler Schleier.
Mein Bewusstsein schwindet dann und ich gleite in einen tiefen und erquickenden Schlaf.
Ich schlafe dann ohne Unterbrechung und erwache voller Energie und Wohlbefinden.
Ich werde nach dem Abendessen bis zur Zeit des Schlafengehens eine behagliche Ermüdung im Körper spüren, die allmählich immer mehr zunimmt und sich bis zu einer angenehmen, körperlichen und geistigen Schläfrigkeit steigert.
Im Bett werde ich die Augen schließen und sie nicht öffnen, bis meine Zeit zum Aufstehen kommt.
Ich werde mir eine angenehme Lage aussuchen, alle Muskeln vollkommen erschlaffen lassen und mich dabei wohlfühlen.
Ich wache in der Nacht nicht mehr auf, sondern schlafe jede Nacht tief und fest durch.
Ich habe einen gesunden, erholsamen und natürlichen Schlaf.
Erst am Morgen wache ich frisch, fröhlich und munter auf.

Alternative Formulierung

Jedes Mal, wenn ich einschlafen will, fallen alle Sorgen von mir ab.
Alle Spannungen und Verkrampfungen lösen sich.
Ein wunderbares Gefühl des Friedens und der Harmonie durchströmt meinen Körper und ich werde tief und fest einschlafen.
Und ich werde die ganze Nacht tief und fest durchschlafen.
Nach dem Erwachen werde ich fröhlich und ausgeruht sein.
Ich werde von Tag zu Tag immer besser und schneller einschlafen.

Schlaf- und Traumformeln

Ich schlafe tief und ruhig.
Ich schlafe immer besser und schneller ein, immer besser und schneller.
Ich schlafe tief und erquickend.
Mein Schlaf ist vollständige Entspannung, vollständige Gesundung.
Mein Schlaf wird immer mehr zum Heilschlaf.
Ich schlafe ganz ruhig und friedlich, ganz friedlich.
Tief und friedvoll ist mein Schlaf, tief und friedvoll.
Ich schlafe ganz ruhig, lang und tief, lang und tief.
Ich schlafe tief und fest, tief und fest.
Ich lasse los und schlafe immer tiefer.
Ich behalte meine Träume.
Das Träumen klärt mein Leben.
Träume sind wertvoll für mich.
Ich werde meine Träume immer besser verstehen.
Träumen ist gut für mich, träumen entspannt.
Träumen ist gut für mich, träumen klärt meine Probleme.
In den Träumen liegt Weisheit, ich will weise werden.
Träumen – wunderschön träumen – sich von allem lösen – frei sein – frei von aller Schwere.

Schmerzausschaltung

Immer wenn ich die Spitze meines Daumens mit dem Fingernagel an die Innenseite meines kleinen Fingers drücke, blockiere ich damit alle Schmerzleitungen und fühle nur noch diese wunderbare Ruhe und Geborgenheit.

Solange ich mit meinem Daumennagel die Innenseite meines kleinen Fingers drücke, bin ich völlig frei von Schmerzen und fühle mich ganz wohl.

Nichts kann mich dann stören, und ich spüre dann nur diese angenehme Ruhe und ein wunderbares Gefühl der Geborgenheit.

Sobald ich also in Zukunft mit dem Daumennagel die Innenseite meines kleinen Fingers drücke, verschwindet jeder Schmerz.

Er klingt aus und kommt nicht wieder, solange ich drücke.

Es genügt also in Zukunft, mit meinem Daumennagel die Innenseite meines kleinen Fingers zu drücken, und ich bin sofort völlig frei von Schmerzen und fühle mich ganz wohl und geborgen.

Dieses wunderbare Gefühl der Ruhe und Geborgenheit durchströmt dann sofort meinen ganzen Körper.

Ich spüre dann nichts als Wohlbefinden, Ruhe und Geborgenheit.

Das hat sich jetzt ganz fest in mein Unterbewusstsein eingeprägt, und ich werde immer danach handeln.

Ich bin ganz gelöst und entspannt und völlig frei von Angst, denn sobald ich es will, bin ich völlig frei von Schmerzen und fühle mich ganz wohl.

Schreibstörungen

Das Schreiben fällt mir leicht.
Der Arm bleibt beim Schreiben ganz ruhig und entspannt.
Das Schreiben geht von selbst.
Ich schreibe ganz ruhig, fließend und schnell.
Meine Hand führt den Schreibstift ganz frei und leicht – ganz fließend.
Ich schreibe auch in Gegenwart fremder Menschen ganz gelassen, ruhig und frei.
Das Schreiben geht ganz leicht – egal in welcher Situation ich schreibe.
Ich bleibe ganz ruhig und entspannt.
Ich schreibe ganz ruhig, fließend und leicht.
Nichts kann beim Schreiben stören.
Das Schreiben geht wie von selbst.
Ich bin und bleibe beim Schreiben, gleichgültig in welcher Situation ich schreibe, ganz ruhig und entspannt.
Ich schreibe ganz ruhig, fließend und leicht.

Spezielle Suggestionen

Formulare ausfüllen ist und geht ganz leicht.
Ich schreibe ganz ruhig und leicht – auch wenn ich eine Unterschrift leisten muss, geht das ganz leicht und fließend.
Ich unterschreibe, egal in welcher Situation, ganz ruhig und leicht.
Das Schreiben geht wie von selbst.

Spezielle Suggestionen

Meine Ruhe ist ganz tief und fest.
Ich fühle mich ganz wohl.

Und jedes Mal, wenn ich einen Stift zum Schreiben in meine Hand nehme, überkommt mich sofort wieder dieses angenehme Gefühl der Ruhe und Entspannung.
Dies ist ein absoluter Zwang und ich werde jedes Mal, wenn ich einen Schreibstift in meine Hand nehme – ganz gleich in welcher Situation – sofort ganz ruhig, ganz ruhig und entspannt.
Ich schreibe dann ganz leicht, frei und fließend.
Nichts kann mich dabei stören.
Ich schreibe ganz ruhig, fließend und leicht.

Spezielle Suggestionen

Meine Handschrift wird immer ausgeglichener und freier.
Die Schrift ist klar und deutlich.
Ich schreibe ohne Ermüdung, ganz locker und entspannt.

Schwierige Situationen meistern

Jetzt, in diesem tiefen, herrlichen Entspannungszustand, bist du, mein Unterbewusstsein, voll aufnahmebereit für meine Instruktionen für die Zukunft.
Du wirst meine Anweisungen, selbst gegen lebhafte innere Hemmungen, voll zur Durchführung bringen.
Das ist ganz selbstverständlich, du kannst nicht anders.
Gleichgültig, wo auch immer ich bin, was auch immer ich zu erledigen habe oder mit wem auch immer ich spreche, ich werde immer in meiner besten Verfassung sein.
Ich werde mich ruhig, gelassen und leistungsfähig fühlen.
Alle meine geistigen Quellen werden mir leicht zufließen und für mich voll verfügbar sein.

Sexualstörungen, Anorgasmie

Ich bin ganz ruhig und entspannt – durch die Entspannung weiten sich die Blutgefäße.
Das warme Blut strömt in die Adern der Magenwand.
Das warme Blut strömt in den Adern, alle Gefäße sind gut durchblutet.
Ich atme ganz tief und ruhig.
Ich atme ganz tief und ruhig, immer wenn ich ein- und ausatme, erfüllt mich vollkommene Ruhe.
Meine Muskeln, meine Nerven, alle Organe, alle Zellen meines Körpers füllen sich bei jedem Atemzug mit Ruhe.
Bei Tag und bei Nacht, unaufhörlich füllt sich mein ganzer Körper mit Ruhe.
Mit jedem Atemzug, also immer wenn ich ein- und ausatme, füllt sich mein ganzer Körper mit Ruhe, alle Muskeln, alle Nerven, alle Organe.
Durch diese wunderbare Ruhe, die mit jedem Atemzug in meinen ganzen Körper einströmt, bleibe ich in Zukunft in allen Lebenssituationen ganz ruhig und entspannt.
Ganz gleich, wo ich bin und was ich tue, ich bleibe entspannt.
Zu meinem Partner finde ich eine neue Einstellung.
Ich finde eine ganz neue Einstellung zu meinem Partner in Liebe und Harmonie.
Ich öffne mich meinem Partner in jeder Hinsicht, seelisch und körperlich: in Liebe – durch Hingabe.
Es beglückt mich, mich mit meinem Partner ganz zu vereinigen.
Ich öffne mich ihm ganz.
Meine Hingabe erlebe ich als beglückendes Gefühl, als höchstes Gefühl erlebe ich den Orgasmus, als beglückendes Gefühl erlebe ich den Orgasmus.
Meine Hingabe erlebe ich als beglückendes Gefühl, ich nehme meinen Partner ganz an.

Ich erlebe den Orgasmus als das höchst beglückende Gefühl der körperlichen Liebe.
In der körperlichen Vereinigung erlebe ich „lieben“ und „geliebt werden“ als wundervoll beglückend.
Ich zeige meine Gefühle in Liebe und Lust.
Ich kann so im Höhepunkt der gegenseitigen Hingabe alle Herrlichkeit spüren und erleben.

Alternative Formulierung

Ab sofort bin ich beim Geschlechtsverkehr mit meinem Partner völlig frei und gelöst.
Keine Gedanken an Vergangenes lenken mich ab, ich empfinde bei dem Zusammensein mit meinem Partner nur Glück und Wohlbehagen.
Immer wenn ich mit meinem Partner verkehre, verspüre ich ein wunderbares Lustgefühl und ich gebe mich ganz hin.
Ich denke dabei nur an dieses wohlige, lustvolle Geschehen, nichts lenkt mich ab, ich empfinde nur noch Glück und Lust.

Alternative Formulierung

Ich habe ein starkes Verlangen nach Zärtlichkeit.
Dieses Verlangen steigert sich bei intimer Berührung.
Ich fühle mich dabei sehr wohl und zufrieden erregt.
Je mehr ich diese zärtliche Berührung spüre, desto größer wird mein Verlangen nach dem/der geliebten Mann/Frau.
Ich fühle mich dabei sehr wohl und zufrieden erregt.
Von Minute zu Minute steigert sich diese Erregung zu Wollust.
Dieses Erlebnis gibt mir innere Zufriedenheit.
Jede intime Berührung löst in mir das Verlangen nach meinem Partner/meiner Partnerin aus.
Ich fühle mich dabei sehr wohl und ganz zufrieden.

Frigidität

Ich finde eine ganz neue Einstellung zu meinem Partner, in Liebe und Harmonie.
Ich öffne mich ganz meinem Partner, seelisch und körperlich, in Liebe, durch Hingabe.
Es beglückt mich, mich mit meinem Partner ganz zu vereinigen.
Ich öffne mich ihm ganz.
Meine Hingabe erlebe ich als beglückendes Gefühl – ich nehme meinen Partner ganz an.
In der körperlichen Vereinigung erlebe ich „lieben" und „geliebt werden" als wundervoll beglückend.
Ich zeige meine Gefühle in Liebe und Lust und kann so, auf dem Höhepunkt der Hingabe, alle Herrlichkeit auf Erden spüren und erleben.
Ich bin in der Liebe ganz gelöst, frei und glücklich. Ich empfinde mich als geliebte Frau.
Ich gehe ganz aus mir heraus.
Ich gebe meine Zurückhaltung auf.
Ich gehe in Zukunft ganz aus mir heraus, ich zeige meine Gefühle.
Ich öffne mich für meinen Partner.
Ich versuche meinen Partner zu verstehen, auf ihn einzugehen.
Es macht mich glücklich, ihn zu beglücken.

Potenzstörung

Mein Verlangen nach Zärtlichkeit wird immer stärker.
Der Drang zur Vereinigung mit meiner Partnerin wächst immer mehr – wird immer stärker – immer drängender.
Vor dem Geschlechtsverkehr, beim Austausch von Zärtlichkeiten, spüre ich, wie sich mein Glied langsam mit Blut füllt – angenehm warm wird – und immer steifer wird.
Immer steifer und immer härter.
Mein Glied fängt an zu wachsen und wird immer steifer, immer größer und immer härter.
Beim Geschlechtsverkehr wird mein Glied immer – sofort – ganz hart und steif.
Es bleibt ganz hart und steif – mindestens 20 Minuten lang.

Wenn ich mein Glied in die Scheide meiner Partnerin einführe, wird mein Glied noch härter, noch größer, noch steifer – ein wunderbares Gefühl – der Himmel auf Erden.
Mindestens 20 Minuten bleibt mein Glied bei jedem Geschlechtsverkehr ganz hart und steif.
Mein Unterbewusstsein steuert dies ganz von selbst.
Mindestens 20 Minuten bleibt mein Glied bei jedem Geschlechtsverkehr ganz steif und hart.
Nach dieser Zeit habe ich dann immer einen wunderschönen kräftigen Samenerguss – einen erfüllenden Orgasmus – ganz von selbst.
Mein Unterbewusstsein steuert alles ganz von selbst.

Spezielle Suggestionen

Aber der Samenerguss ist durch das Unterbewusstsein gesperrt für 20 Minuten.
Es kommt zu keinem vorzeitigen Samenerguss.
Erst nach 20 Minuten löst sich diese Sperre in meinem Unterbewusstsein und ich kann dann meinen Samen ergießen.
Vorher ist es mir unmöglich, den Samen zu ergießen – der Samenerguss ist jedes Mal für mindestens 20 Minuten gesperrt und blockiert.
Auch wenn ich mein Glied in die Scheide der Frau einführe, bleibt mein Glied ganz hart und fest, doch es ist mir unmöglich, den Samen zu ergießen.
Erst nach 20 Minuten löst sich die Sperre für meine Samenflüssigkeit, und ich erlebe dann einen beglückenden, kraftvollen Samenerguss.
Der Geschlechtsverkehr geht ganz von selbst.

Sprachstörungen

Ich kann jederzeit, an jedem Ort und vor allen Menschen klar und deutlich sprechen.
Ich kann alles, was ich will.
Ich werde immer gut und fließend sprechen.
Ich beherrsche meine Sprache.
Ich bin vollkommen auf der Höhe, ich kann jeden Gedanken einwandfrei ausdrücken.
Ich beherrsche meine Muttersprache einwandfrei und sicher.
Ich bin mir meiner geistigen Fähigkeiten voll bewusst.
Ich fühle mich ganz sicher.
Ich werde mit jedem frei und offen sprechen.
Beim Sprechen bin ich ganz ruhig und gelassen.
Ich spreche von jetzt an ruhig und selbstbewusst und stottere nicht mehr.
Ich kann klar und deutlich und ohne zu stottern sprechen.
Ich habe keinen Zungenfehler, ich bin nur aufgeregt und das wird von jetzt an anders werden.
Ich fürchte mich vor nichts mehr.
Ich habe vor keinem Menschen mehr die geringste Angst oder Scheu.
Ich bin klug und beherrsche die Sprache.
Ich kann sprechen wie jeder andere auch.
Ich verliere jede Aufregung beim Sprechen und spreche ganz ruhig und klar.
Das Sprechen macht mir von jetzt an Freude.
Ich werde nie mehr stottern.

Alternative Formulierung

Ich bin und bleibe vollkommen ruhig.
Mein Selbstvertrauen stärkt sich von Tag zu Tag, mit jedem Mal, wenn ich diesen Text höre.

Beim Umgang mit Menschen bin ich ganz ruhig – voller Selbstvertrauen.
Ich bin und bleibe vollkommen ruhig, voller Selbstvertrauen, in jeder Situation.
Beim Umgang mit Menschen bemerke ich, wie ich meine Meinung immer besser und freier ausdrücken kann und wie ich mich immer besser und selbstsicherer durchsetzen kann.
Ich spreche ganz ruhig und beherrscht.
Vor jedem Satz – vor jedem Wort – überlege ich vorher, was ich formulieren will.
Ich spreche ganz ruhig, ganz sicher und fließend.
Ich spreche genauso fließend, wie ich lese.
Ich kann jederzeit, an jedem Ort und vor allen Menschen klar und deutlich sprechen.
Es macht mir Freude, klar und deutlich und ganz fließend zu sprechen.
Ganz ruhig und beherrscht – voller Selbstvertrauen.
Ich beherrsche meine Sprache und spreche ganz klar und deutlich.
Das Sprechen macht mir Freude.
Beim Sprechen bin ich ganz ruhig und gelassen.
Ich fühle mich ganz sicher.
Ich werde immer gut und fließend sprechen – mit jedem – ganz offen und frei – voller Ruhe und Selbstvertrauen.
Beim Sprechen bin ich ganz ruhig und gelassen.
Das Sprechen macht Freude.

Alternative Formulierung

Positives Denken bestimmt meine Gegenwart und meine Zukunft.
Ich nutze meine Geisteskraft für klare Vorstellungsbilder.
Was ich ausdrücken will, steht klar und deutlich vor meinem geistigen Auge, etwas oberhalb der Nasenwurzel.
Hier ist das Zentrum meiner Gedankenkonzentration.
Die Vorstellungsbilder befähigen mich, das Gedachte klar zu formulieren.
Zunge und alle anderen Sprachwerkzeuge folgen mühelos meinem Willen zur klaren, deutlichen, Erfolg versprechenden Information bezüglich dessen, was ich auszudrücken wünsche.

Immer wenn ich angesprochen werde, atme ich ruhig und gelassen, frohen und heiteren Gemüts.
Denn ich weiß, dass das ewige, lichtvolle, klare Schöpfungsgesetz in mir waltet und meinen Lebensweg bestimmt.
Meine Stimme ist klar und angenehm.
Deutlich formen Mund, Zunge, Zähne, Lippen, Stimmbänder und Kehlkopf vollkommene Worte und Sätze.
Es sind Worte der Zuversicht und der Freude, des Dankes und des Glaubens an die Schöpfungskraft in mir.
Ruhig und kraftvoll schlägt das Herz und der Atemrhythmus ist meine Lebensmelodie.
Denn in mir ist strömendes Leben und Licht.
Mit jedem Atemzug weiß ich, dass ich – gleichgültig, um welche Thematik es sich handelt – mein Bestes zum Ausdruck bringe.
Klar und deutlich, frei und geordnet sind die Gedankenbilder und meine Sprache.
Klar, deutlich, gelöst und frei spreche ich über alle Dinge und Seinszustände des Lebens.
Mein innerer Arzt ist bei mir.
Mein Denk- und Sprachvermögen sind vollkommen.
Dem Guten in mir vertrauend, gehe ich meinen persönlichen, richtigen Weg.
Und ich bin Ausdruck des Besten, das zu sein ich bestimmt bin.
Verständnis und Wertschätzung sowie Toleranz allem Leben gegenüber machen mich kraftvoll, schöpferisch, frei und dankbar.
In allem das Gute suchend, frei von Kritik und gedanklicher Begrenzung, trete ich kontaktfreudig und aufgeschlossen den Menschen und den Situationen gegenüber auf.
Ich spreche frei und bin frei.
Ich erfreue mich einer klangvollen, ausdruckstiefen Sprache.
Ich werde zum Meister des Wortes, meines Wortes, und Kränkungen sind Vergangenheit.
Ich bin frei.
Geordnetes Denken und Fühlen, beseeltes Reden und klares Handeln verleihen meiner Sprache Schönheit und Stärke.
Ich bin Meister meines Ausdrucks.
Ich beglückwünsche mich zu meinem neuen Lebensstil.

Sprechen vor Publikum/Sichere Stimme

Ich weiß, dass für die Macht der Sprache die innere Sicherheit ausschlaggebend ist.
Das ist eine Frage des Vertrauens zur eigenen Kraft.
Ich kann im Sprechen nur dann sicher sein, wenn ich innerlich sicher bin.
Ich bin innerlich sicher, vollkommen sicher und frei von allen Hemmungen.
Jedes Wort, das aus meinem Munde kommt, klingt beherrscht und fest, jedes Wort ist kraftgeladen und erfüllt von dem ganzen Wesen meiner Persönlichkeit.
Ich fühle immer mehr das Wachsen meines inneren positiven Urbildes, und das allein ist entscheidend.
Ich spreche ruhig und fest, ich bin absolut sicher und habe meine Stimme und meine Sprache vollkommen in der Gewalt.
Was ich sage, hat Hand und Fuß, kein unüberlegtes Wort kommt aus meinem Munde, und jedes Wort ist kraftgeladen und durchdrungen von der Kraft des positiven Menschen, der ich bin.
Ich fühle, wie ich innerlich wachse und meine Sprache immer sicherer und eindringlicher wird, ganz deutlich fühle ich das – ganz deutlich.
Absolut sicher wird meine Sprache.
Meine Sprache habe ich vollkommen in der Hand.
Ich bin sicher, ganz sicher – jedes einzelne Wort beweist diese Sicherheit – jedes einzelne Wort.
Es gibt für mich beim Sprechen nur noch Ruhe und Festigkeit – Ruhe und Festigkeit – Ruhe und Festigkeit.

Ein guter Redner werden

Ich bin fest entschlossen, ein guter Redner zu werden.
Ich sehe mein schönes, großes Ziel ganz deutlich vor mir und bin bereit, es durch konsequente Arbeit zu erreichen.
Ich kenne die großen Vorteile, die sich aus meiner zielbewussten Entwicklung ergeben.

Jeden Tag führe ich meine Übungen durch und schon fühle ich, wie mein Auftreten und Sprechen immer freier, immer mutiger und immer selbstsicherer wird.
Beim Umgang mit Menschen bemerke ich, wie ich meine Meinung immer besser und immer freier ausdrücken kann und wie ich mich immer besser und selbstsicherer durchsetzen kann.

Überzeugend sprechen

Ich spreche immer frei, dynamisch und überzeugend.
Ich spreche immer und überall überzeugend und begeisternd.
Ich spreche immer positiv, dynamisch und fließend.
Meine dynamische Redefähigkeit nimmt von Tag zu Tag immer mehr zu.
Ich kann jede Person oder Gruppe mit meinem überzeugenden Sprechen fesseln und begeistern.
Ich bin ein dynamischer Redner.
Ich drücke mich immer mit lebhaften Gesten und Gebärden aus.
Mein Gesicht bleibt immer sympathisch und entspannt.

Stress

Ich bin vollkommen ruhig – ganz gelöst und entspannt.
Alles, was ich tue, werde ich immer konzentriert und zügig tun, dabei jedoch innerlich stets ruhig und gelassen bleiben.
Alle Aufgaben, die an mich herangetragen werden, erledige ich vollkommen ruhig und gelassen.
Nichts kann mich mehr erschüttern – ich bleibe stets ganz ruhig.
Ich weiß, dass ich mit jeder Situation fertigwerde.
Das macht mich stark.
Eine wunderbare Kraft durchströmt meinen Körper und gibt mir Sicherheit.
Es ist ein wunderbares Gefühl, sagen zu können: Das schaffe ich!

Ich weiß: Alles, was ich mir vornehme, das erreiche ich auch, und das in absoluter Ruhe und Gelassenheit. Meine Ruhe und Sicherheit wachsen von Tag zu Tag. Ich werde immer ruhiger – immer sicherer.
Ich fühle mich ganz wohl in meiner Situation.
Mein Herz schlägt ruhig und gleichmäßig.
Mein Kreislauf ist stabil und jeder Belastung gewachsen.
Jede Belastung macht mich nur noch stärker.
Ich werde immer stärker.
Meine Gesundheit festigt sich von Tag zu Tag – meine Gesundheit festigt sich von Tag zu Tag.
Mein Schlaf ist tief und fest.
Sobald ich zu Bett gehe, fallen alle Probleme von mir ab und ich schlafe sofort ein.
Ich habe einen gesunden, natürlichen und erholsamen Schlaf und erwache jeden Morgen ganz frisch und erholt. Ich freue mich auf jeden neuen Tag und liebe meine Arbeit. Ich fühle mich ganz wohl in meiner Situation.
Es geht mir von Tag zu Tag in jeder Hinsicht immer besser und besser.

Unausgeglichenheit, Disharmonie

Sprechen Sie in Gedanken, nur in Gedanken, folgende Worte mit und sehen Sie dabei die jeweilige Situation bildhaft vor sich:

Mein Geist ist voller Friede, Ausgeglichenheit und unerschütterlicher Sicherheit.
Ich habe Teil an der Weisheit der Unendlichkeit.
Ich fürchte nichts in Vergangenheit und Zukunft.
Die unendliche Weisheit meines Unterbewusstseins führt und leitet mich sicher auf allen Wegen.
Ich begegne jeder heiklen Situation mit Zuversicht, Ruhe und Vertrauen.

In mir herrschen Friede, Freiheit und Freude.
Selbstbeherrschung und Zuversicht bestimmen von nun an mein Denken.

Unlust und Zaghaftigkeit

Jetzt, in dieser herrlichen, tiefen Entspannung, bist du, mein Unterbewusstsein, aufnahmebereit für meine Instruktionen für die Zukunft.
Du wirst meine Anweisungen, selbst gegen lebhafte innere Hemmungen, bedingungslos und folgerichtig zur Durchführung bringen; das ist ganz selbstverständlich, du kannst nicht anders.
Sobald ich aus dieser tiefen und wohltuenden Entspannung aufwache, werde ich meine ganze Energie auf die mir gestellte Aufgabe richten.
Ich werde diese Aufgabe klar und wirkungsvoll zu Ende führen. (Mehrmals wiederholen)

Verhalten gegenüber Widersachern

Jetzt, in diesem Zustand der völligen Entspannung, bist du, mein Unterbewusstsein, aufnahmebereit für meine Anweisungen.
Sie haben die Kraft eines unwiderstehlichen Triebes und müssen selbst gegen jede starke innere Hemmung bedingungslos ausgeführt werden.
Du kannst nicht anders.
Es ist ganz selbstverständlich.
Wann immer diese Person mich behelligt, werde ich sofort ihrer guten und bewundernswerten Qualitäten gewahr.

Die Tatsache, dass sie mir Schwierigkeiten bereitet, wird mich stets spontan ermahnen, ihr gegenüber ruhig, verständnisvoll und freundlich zu sein.

Schlussbetrachtung

Dieses Buch gibt Ihnen kompetente und praxiserprobte Beispiele für eine erfolgreiche Selbsthypnose. Bei der Erarbeitung Ihres eigenen Selbsthypnose-Textes sollten Sie sich aber uneingeschränkt mit jedem Satz und jedem Wort identifizieren können. Diese Beispiele sind keine Dogmen und können ganz nach Ihren Wünschen und Bedürfnissen verändert werden. Benutzen Sie auch Formulierungen aus anderen Anwendungen, wenn sie Ihnen gefallen und in Ihrer persönlichen Anwendung Sinn machen.

Mit der Anwendung der Selbsthypnose haben Sie ein machtvolles Instrument in der Hand, mit dem Sie Ihre Gesundheit und Ihr körperliches Allgemeinbefinden auf eine wirkungsvolle Art günstig beeinflussen können.

Dabei ist es wichtig, dass Sie die individuellen Gegebenheiten Ihres speziellen Problems beachten.

Im medizinischen Bereich sollte noch viel mehr darauf hingewiesen werden, dass auch negative autosuggestive Einflüsse unseres täglichen Lebens Ursachen krankhafter Störungen sein können. Wie auch eine verantwortungsvolle seelische Behandlung in den Heilungsprozess miteinbezogen werden sollte.
An erster Stelle steht hier die persönliche Selbsterkenntnis, die die Voraussetzung einer seelisch-körperlichen Gesundung ist. Hier weist uns die hypnoide Umschaltung meditativer Versenkungstechniken einen wirkungsvollen Weg.

Noch übersteigt es bei Weitem die Möglichkeiten der heutigen therapeutischen Praxis, jede Krankenbehandlung zum Ausgangspunkt einer grundlegenden seelischen Erneuerung werden zu lassen. Es liegt aber in der Hand jedes Einzelnen, mit den hier aufgezeigten Suggestionstexten eigenverantwortlich an seiner individuellen körperlich-seelischen Entwicklung zu arbeiten.

Leser dieses Buches, welche sich die Grundlagen der Hypnose z. B. mit meinem Buch *Die hohe Schule der Hypnose* und mit ähnlichen Büchern anderer Autoren erarbeitet haben, werden mit den vorgeschlagenen Suggestionstexten ohne Weiteres zurechtkommen. Indem sie diese anwenden, können sie sich von seelisch belastenden Umständen und körperlichen Symptomen befreien.

Falls Sie noch mehr über das Thema wissen möchten oder gar den Wunsch haben, die Hypnose im therapeutischen Kontext selbst anzuwenden, empfehle ich Ihnen die Teilnahme an einem guten Hypnoseseminar. Dort haben Sie die Möglichkeit, eine erste Hypnose durchzuführen. Schritt für Schritt entwickeln Sie dann die erforderliche Sicherheit, um mit der Hypnose am Mitmenschen erfolgreich wirken zu können. Dort werden Sie neben der medizinischen Seite auch über die rechtlichen Verpflichtungen eines Hypnosepraktikers aufgeklärt.

Ich wünsche Ihnen mit dem Studium und der erfolgreichen Anwendung dieses Praxisbuches ein gesundes und harmonisches Leben.

Ihr

Kurt Tepperwein

Über den Autor

Kurt Tepperwein, geboren 1932, war erfolgreicher Unternehmer und Unternehmensberater, bevor er sich 1973 aus dem Wirtschaftsleben zurückzog, sich als Heilpraktiker ausbilden ließ und erfolgreich zu praktizieren begann. Er lehrte die von ihm entwickelte Tepperwein-Methode an internationalen Institutionen und ist seit 1997 an der Internationalen Akademie der Wissenschaften tätig. Er ist Autor vieler erfolgreicher Bücher und lebt auf Teneriffa.

Wenn Sie nähere Informationen wünschen:

Internationale Akademie der Wissenschaften (IAW)
St. Marakusgasse 11
Fl-9490 Vaduz
Fürstentum Liechtenstein

Tel.: 00423 233 12 12
Fax: 00423 233 12 14
go@iadw.com
www.iadw.com

Kurt Tepperwein

Die hohe Schule der Hypnose

Fremdhypnose – Selbsthypnose
Praktische Lebenshilfe für jedermann

272 Seiten, Pappband, mit Hypnose-CD
ISBN 978-3-7205-4022-3

In diesem Standardwerk vereint Kurt Tepperwein alles Wissenswerte zum Thema Hypnose: von der Methodik und Funktionsweise bis hin zu praktischen Anleitungen bei den häufigsten Beschwerden ermöglicht Kurt Tepperwein einen umfassenden Einblick und zeigt, wie sich körperliche und seelische Leiden mit Hilfe dieser uralten Methode lindern lassen. Die beigelegte CD unterstützt Sie dabei, das Versinken in einen hypnotischen Zustand eigenständig zu üben. So können Sie Stress effektiv abbauen, sich von Ängsten befreien oder zu tiefer Entspannung und Gelassenheit finden.

ARISTON